U0449746

本书由云南省"重点马院"建设项目
专项经费资助出版

非政府组织与地方治理研究
——以云南地区非政府组织为例

NGO AND LOCAL GOVERNANCE RESEARCH

张海夫 ◎ 著

中国社会科学出版社

图书在版编目（CIP）数据

非政府组织与地方治理研究：以云南地区非政府组织为例／张海夫著．—北京：中国社会科学出版社，2019.11

ISBN 978-7-5203-0865-6

Ⅰ．①非… Ⅱ．①张… Ⅲ．①非政府组织—行政管理—研究—云南 Ⅳ．①D677.4

中国版本图书馆 CIP 数据核字（2017）第 210435 号

出 版 人	赵剑英
责任编辑	安　芳
责任校对	张爱华
责任印制	李寡寡

出　　版	中国社会科学出版社
社　　址	北京鼓楼西大街甲 158 号
邮　　编	100720
网　　址	http://www.csspw.cn
发 行 部	010-84083685
门 市 部	010-84029450
经　　销	新华书店及其他书店
印　　刷	北京明恒达印务有限公司
装　　订	廊坊市广阳区广增装订厂
版　　次	2019 年 11 月第 1 版
印　　次	2019 年 11 月第 1 次印刷
开　　本	710×1000　1/16
印　　张	14
插　　页	2
字　　数	205 千字
定　　价	68.00 元

凡购买中国社会科学出版社图书，如有质量问题请与本社营销中心联系调换
电话：010-84083683
版权所有　侵权必究

自　序

随着国际国内形势风云变幻，新时代下经济转型和社会转型交互演进，社会结构正经历着有史以来最剧烈的变迁，社会分层日益多样、社会利益日趋多元，政府、市场、社会等各种要素深度勾嵌与碰撞。不是所有流动、开放的社会都预示着社会的有序稳定，事实上，如果社会利益差距过大、社会阶层和利益结构板结，因利益和价值观引起的冲突将以难以控制的不确定性增大。改革开放以来，出现的集体矛盾的波浪式爆发就是例证。边疆多民族地区更加具有民族心理、价值观念、文化结构、行为方式乃至宗教等特殊性，民族地区发展愿望与现实落差、利益诉求、权利诉求等都有可能引起不同方式的抗争，近年群体性事件上升和复杂性变异正是这种抗争的标向。稳定与治理密切互倚。但是，纵观这些年来的治理方式依然存在着"压力型治理"的弊端。因此，社会组织力量的参与对构建治理与赋权结合的动态治理模式具有积极意义。

云南这一边疆多民族地区具有非凡的特殊性，研究过程中，坚持支持与矫正并举，尽力通过实证研究深入分析非政府组织的内部机理和外部运行环境，同时，在分析、梳理、借鉴域外理论成果基础上，对非政府组织进行全方位深入解读，力图集中和准确的反映非政府组织的性质，为今后地方治理方式的创新提供理论支撑和现实指导。具体来讲有几个方面：第一，深入探讨边疆民族地区非政府组织作为沟通政府、维护利益、化解积怨的重要渠道；第二，梳理边疆非政府组织的现状，提炼非政府组织参与地方治理的利益表达代言人和桥梁功能；第三，对现有的社会组织参与"风评"及法律规制进行剖析，重点分析非政府组织参与社会风险评估体系方案的制定，非政府组织与政府合作过程中的法律规制及存在的问题，进而拓展非政府组织的作用领域和非政府组织嵌入地方治理的法律机制；第四，分析边疆民众对非政府组织的心理认知和预期以及是以怎样的态度和方式依靠非政府组织表达和维护利益、排解矛盾，积极构建嵌入型动态治理模式。

当前社会转型面临的困境与经济社会发展重任交错叠加，百年未有之大变局不期而至、外部环境的不确定性、国内高质量发展转型要求的逼迫性等种种变动均表明我们当前处于改革开放以来最为复杂的时期，各种陷阱暗藏于社会各个领域，各种社会风险日趋复杂多变，社会矛盾事件的不确定性和冲突系数增大，精准判断各种影响稳定的社会事件愈加困难。造成这种困境的根本原因在于物质利益的分化与固化，也有文化观念和社会思潮的推波助澜。多民族地区具有比其他非民族地区更为突出的民族多样、价值多元、文化多彩、利益诉求强烈、宗教色彩浓厚、跨境流动性频繁等诸多特点。此背景下，各种社会力量相互交织、碰撞，使得社会矛盾欲意复杂，社会风险转化社会危机事件的可能性加大、增多，应对如此复杂的社会风险，特别是在处理群体性事件危机过程中，反思当下治理方式发现，受压力型治理的惯性作用带来的负面效应，处理治理事件的政府相关部门也在积极转变思维，探求以法治思维为理念的多元共治新型治理方式。但总体上看，还没有跳出传统刚性治理的模式，治理思维还停留在强力控制的息事宁人之静态治理层面，治理能力和治理体系现代化依然任重道远。这些方式显然与经济社会转型及推进社会治理现代化的必然要求不相适应。

学术界和实务部门在寻求治理良策时，充分肯定了非政府组织在发展民族经济方面的作用，注意到了非政府组织在治理中的某些优势，但是，在处理治理事件时，大都着眼于事件"进行时"的控制与安稳，甚至有些地方政法综治部门走向"网格式"或者将群众发动起来靠察言观色来判断行人的行为负向性等群众运动式的管理老路。实际上，我们面临的是一个个个体利益诉求与基层政府互信断裂的时代鸿沟，对此，需要以适应社会开放、流动、利益分化的发展趋势，依法治治理理念为统领，充分发挥公民社会之重要要素的非政府组织力量的作用，积极构建非政府组织与政府合作治理的动态、顺畅的嵌入型动态治理路径。

鉴于此，本书稿在梳理、检讨学术界对非政府组织与社会治理、非政府组织与基层治理等重大问题的基础上，以云南为例，通过对活跃在云南地区的非政府组织外部环境、价值理念、行为方式及在社会治理中的作用等方面，利用定性研究和实证研究相结合的方式，对边疆民族地区影响稳定的因素及活跃在云南地区的非政府组织种类、性质、功能、作用等方面进行深入分析，提炼出民族地区非政府组织具有的文化性、民族性、地域性等特点，凝练非政府组织非营利性、非政府性、非宗教性、包容性、关爱性、慈善性等品格，注重对民族地区非政府组织具有的民族传统性进行剥离转化，形成具有现代理性品格的非政府组织共同体，塑造公众对非政府组织的信任，探求非政府组织的发展与治理方式之间的有机关联，以合作主义为基础，将非政府组织的增强官民信任、利益代言、调适心理、排泄减压、沟通桥梁等功能嵌入到治理方式中，构建风险感知前移、事中协调排压、全程利益表达、事后跟踪诉求的法治思维下大治理格局，这些都需要有效的法律制度予以保障。同时，对非政府组织自身能力及与宗教性和地方严实性进行法律剥离，培育非政府组织的现代理性精神，以防止非政府组织可能的偏离，特别是对边境地区的境外非政府组织对政治问题的隐身作用予以法律判断和矫正，并对"压力治理稳模式"进行法律反思，在此基础上提出相应的对策措施。主要内容和重要观点为：

对非政府组织进行详细述评。在全面梳理非政府组织的含义、特征、兴起背景、内在演变机制、功能作用、发展趋势基础上，结合民族地区的实际情况，提出了非政府组织的一般含义及特殊性。就一般意义而言，非政府组织是具有公益、慈善、帮扶、自主、平等、包容等特点的非政府、非营利、非宗教的自治性组织。在民族地区，非政府组织既具有一般意义的品质，同时，还具有受民族心理、价值观念影响、甚至具有宗教性等特殊性。基层非政府组织特别是乡村社区和基层城市社区的非政府组织还需要实现现代品格的塑造与提升，这种提升不是最求自身组织性的名利、社会地位、影响力、资源控制权的"自我提升型"组织，而是打造成为与政府合作且独立、竞争兼互惠，排除"互害"、"互污"的偏离，具有公众信任度的组织。

对社会稳定问题及非政府组织在边疆地方治理中的作用进行述评。通过对近年学界关于治理方式的研究发现，现在的治理方式正在发生转变，治理力量下移，法治思维在治理中的运用都在一定程度上推进治理方式转型，但是，总体看，压力型治理下强力控制的方式和思维依然处在主导地位，静态稳定的目标定位还没有实质性改变。各种潜在的矛盾风险引爆的可能性较大，社会矛盾演化趋势日趋复杂。很多学者在寻求动态治理的共治力量时，都将治理目标与治理手段创新结合起来进行论述，肯定非政府组织在治理中的积极作用，将治理理论研究拓展至非政府组织的与群体性事件治理、非政府组织与公共危机治理、非政府组织与农村稳定等层面。大部分学者在论述时基于辩证立场，既肯定非政府组织的积极作用，同时，也指出其负面作用的警惕。总之，当下及未来非政府组织在治理中应当发挥更大、更积极的作用。

对非政府组织和治理模式进行法治反思。以法治思维，立足现有法律法规，对非政府组织的登记注册、活动事项、法律矫正等问题进行分析。同时，深入探究当前治理模式存在的法治困境，进而提出如何推进治理模式的法治转型，力争从非政府组织参与的法律程序、实体领域及法律矫正等方面提出相应见解。此外，针对大量草根非政府组织的既成事实，在运用法律规制对非政府组织参与治理进行制度设计时，不能一刀切，需要秉持弹性方式，不易纳入法律框架的草根组织，允许其活动，在税收、社会评价上进行矫正即可。

深入阐明非政府组织与治理方式转变之间的关系。在分析非政府组织与经济社会结构内在映射和互嵌的关系时，对社会转型、社会冲突、综合治理、法治思维等社会稳定理论进行分析，精炼出非政府组织在社会控制中的"安全阀"作用。作为社会治理现代化重要力量的非政府组织与治理具有正向关系，非政府组织自身具有的共同体精神和共同体价值利于增长民众对政府主导的治理信任度、能够弥合利益诉求主体与基层政府间断裂的有效桥梁。非政府组织具有的信源初始性、风险感知真实性、利益诉求主体信度性等特点能够整合、传递诉求群体性的利益表达，预防事件向着失控方向发展。也有部分学者处于政治风险考虑，更多的关注非政府组织在治理中的异化作用，提出防控非政府组织特别是境外非政府组织的负面影响。

重点阐述民族地区非政府组织如何推动治理方式转变。边疆民族地区不是矛盾纠纷的代名词，不能一提起多民族地区就应然的等同于矛盾多发地区，这是误解。更不能将一般性的矛盾等同于民族矛盾，因利益引发的矛盾哪里都有。但是，民族地区的矛盾与非民族地区的矛盾及处理方式当然有别。云南非政府组织多样而复杂，境外NGO、本土NGO，省级非政府组织，州市县级非政府组织、城乡社区非政府组织及众多草根非政府组织等并存，相互之间的组织化生态关系也较为复杂。这些非政府组织向社会底层提供的教育、扶贫、能力增长、慈善、帮扶、妇女儿童权益维护等若干方面的事务，客观上利于减弱社会边缘群体的抗争情绪，对形成社区和谐有重要推动作用。在治理方式上要吸纳非政府组织，创设行之有效的非政府组组参与治理的法律机制。当然，在构建非政府组织参与治理的机制方面，要注意农村社会传统浓厚的非政府组织的现代转化，避免利益内化的封闭性而导致乡村非政府组织的作用下降。

本书以社会治理创新为背景，以构建瞄准法治型动态治理方式为目的，以法社会学为理论指导，采取理论分析和实证调研相结合的方式对非政府组织和治理方式之间的关系进行研究，在治理主体、治理信息扑捉、甄别、治理机制创新、治理方式选择等方面突出非政府组织的作用，进而在提升民族地区非政府组织参与能力、外部法律供给、安全阀作用、打造治理数字化体系、立正非政府组织治理作用等方面形成系统的理论体系。

云南被誉为 NGO 的摇篮，民族多样、文化多元、生态丰富，民族、边疆、多山、贫穷是 NGO 发挥作用的厚重土壤。改革开放以来，云南经济社会稳步发展，民族团结示范区建设稳步推进，整体发展态势良好。但是，在当前国内外经济发展形势和安全形势的复杂交织中，跨境民族流动带来的安全复杂性、因发展落差、资源开发、大规模基础设施建设等引起的利益纠纷将在一定时期存在，个体的抗争、群体的行动诉求、基层政府和大公司与利益相关的民众之间的关系还存在不确定的张力，这些张力控制不好势必转化为危机事件。同时，云南自然灾害频发，自然灾害处理不妥也会存在社会风险的可能性。因此，应对如此复杂的稳定情势必须转变思维，创新非政府组织和治理的法律规范，积极吸纳非政府组织的作用，构建上下协调、左右互通的动态治理机制和对策。本书立足云南实际，对非政府组织参与治理的路径及作用进行了细致分析，以法治理念构建"嵌入型治理模式"，为党政及其职能机构在治理方式的选择上提供有指导意义的决策参考。

张海夫

2019 年 10 月于昆明

目 录

绪 论 ………………………………………………………… (1)
 第一节 研究背景 ………………………………………… (1)
 第二节 研究目的与意义 ………………………………… (5)
 第三节 文献综述 ………………………………………… (9)
 第四节 研究方法、创新点及不足 ……………………… (29)

第一章 非政府组织 …………………………………………… (32)
 第一节 非政府组织概述 ………………………………… (32)
 第二节 非政府组织的功能、属性 ……………………… (41)

第二章 社会利益分化与治理理论 …………………………… (60)
 第一节 社会治理的相关理论 …………………………… (60)
 第二节 多民族地区少数民族利益实现方式 …………… (79)
 第三节 结构分层和利益分化引发社会风险的
    可能性分析 ……………………………………… (88)

第三章 非政府组织与社会治理的关系 ……………………… (95)
 第一节 非政府组织与社会治理的正向关系 …………… (96)
 第二节 非政府组织与社会治理的负向关系 …………… (106)

第四章　多民族地区非政府组织与地方治理的关系……（111）
　　第一节　多民族地区非政府组织分析………………………（111）
　　第二节　多民族地区治理困境的表现与原因………………（131）

第五章　多民族地区非政府组织推动治理方式转变分析……（142）
　　第一节　非政府组织在多民族地区治理中的现有作用……（142）
　　第二节　多民族地区非政府组织推动治理方式转变
　　　　　　存在的问题…………………………………………（153）
　　第三节　多民族地区非政府组织推动治理方式转变
　　　　　　存在问题的原因……………………………………（159）

第六章　对策建议……………………………………………（164）
　　第一节　重视非政府组织在治理方式转变中的作用………（165）
　　第二节　创新多民族地区治理机制…………………………（168）
　　第三节　具体对策……………………………………………（172）

结　语……………………………………………………………（178）

附　录……………………………………………………………（180）
　　附录一…………………………………………………………（180）
　　附录二…………………………………………………………（190）

主要参考文献……………………………………………………（198）

后　记……………………………………………………………（213）

绪 论

第一节 研究背景

当我们置身于探究现实过程或展望未来时，似乎难以找到现实背后的真正奥秘，也不好把握现实的真理性。人们都说以史为鉴，方可洞悉过往发生事情的真谛。但是，越是被诸种现实中的现象覆盖着的真实，人类越表现出无比的热情和兴趣去探究，虽然难免失真。对非政府组织与治理关系的研究亦是如此，时代的论者总是尽其所能，在历史的当下和未来，整理、凝练、分析、预测非政府组织与治理关系的内在规律和未来走向。

自有人类阶级社会以来，社会基本矛盾是推动社会前行的根本动力，按照马克思、恩格斯的观点，国家就是在阶级矛盾不可调和时的产物，是凌驾于社会之上的统治工具。作为政治、经济、文化、生态逐级构成的自组织系统，控制与反控制的关系是阶级社会的常态。社会冲突是这种控制与反控制关系在国家与社会失衡与调和的表现。从主体角度观察，社会冲突的表现是个体、群体乃至大规模的社会动荡，是对现有社会秩序格局的冲击。个体的抗争在一定意义上可能构成现有法律规范上的犯罪，马克思曾指出："犯罪是个体反抗社会的斗争"，这种斗争不一定是正向的、积极的，但也不能完全排除这种斗争的合理性。群体的抗争在范围与影响上都超过个体，不同历史时期的群体抗争表现不尽相同，古代多以农民为主体，近代以来，组织者和领导者以一定的组织形式出现，现代社会的群体抗争多以利益受损的社会底层为众。不管历史上社会冲突的表形式具有多么的异质性，究其根源，都是为了捍卫和实现自身利益的外化表现。马克思曾指出"人们的奋斗所争取的一切，都同他们的利益有关"[①]，而利益分享则需要符合时代必然性的法律来保障其实现。

因此，只要人的利益发生变化，社会发展就不可避免面临新的情况，人们所做的只能是积极适应变化调整治理方式，以最大限度的求得权益平衡，尽可能的满足不同阶层的自身权益需求。治理的任务就在于如何围绕利益这一根本问题，通过法律调适，求得发展的最大公约数。纵观历史上的治理手段与方式，统治阶级或高压控制，或假借神的庇护，或组织精神生产者创制一套尊卑秩序的理论并将之说成是正义的体现，进而通过各种形式的教育灌输仪式让广大人民群众遵守，否则就是非正义的，以此来维护统治阶级的统治。也有开明的君主帝王采取以民为本的怀柔思想与政策来维系社会秩序。但是，不管形式上有何不同，其实质就是采取外力的控制和精神钳制，迫使群众遵守统治阶级认可的秩序，基本上是静态治理的模式。随着社会的进步，统治阶级在运用国家这一统治的暴力工具时，会充分考虑社会因素的张力作用，不断调整统治方式与手段，进而在国家与社会之间寻求相应的平衡，以获取更好的治理思想与措施。国家精神、民族精神、历史精神、地理环境等各种各样的因素，以有形或无形的方式对社会发展起着固化的渗透与影响，而社会的自组织性又推动追求利益的各类主体结成一定的联盟来维护自身利益，尽管有些同盟可能是缺乏社会有机团结的整钢性，但是，总会在最核心的利益上形成比较整体的力量，这种力量不断推动着地方政府创新治理模式。进入现代社会以后，人类治理的视野

[①] 马克思：《第六届莱茵省议会的辩论（第一篇论文）》，《马克思恩格斯全集》（第1卷），人民出版社1956年版，第82页。

不再局限于自上而下的强力控制，统治阶级的注意力逐渐放大到社会自治领域，不断增强与关注对社会力量的鼓励、整合作用，非政府组织的出现、勃兴和被寄予一定希望即是例证。

中国历来是权威型的权力结构，充满活力的社会体制是国家治理的重要价值取向。长期的封建专制统治，是自上而下的社会控制模式，尽可能地将人民群众纳入各级各类治理单元之中，并创制一套君君臣臣的纲纪伦理，维系社会秩序的有序状态。近代以来，随着现代性和各种思想的涌入，加上现代国家的示范和外来力量的强力渗透，中国社会结构开始步入复杂的转型轨道，各种社会力量犹如雨后春笋般出现，结社成为一时的热闹场面，社会力量展现了其不可替代的一面，比如，各类党派、帮会、自救团体、地方防团等，也有村民的自治耦合性组织。综合来看，这一时期的社会力量展示是国家危机下的社会自救行为，表征着那一时期的社会乱象、民族危机、生存危机。真正展现国家管理下的有序转型乃是中华人民共和国之后的事情，中华人民共和国的成立，空前激发了全国人民群众的创业和工作热情，每一个人都被中华人民共和国成立的宏大历史感被热切地激发起来了，尽管社会自治性组织很少，但是并无影响社会力量的充分展示与发挥。随后的30多年那种全民计划的模式逐渐式微，越来越表现出其诸多弊端，人们在反反复复的政治运动中，不可避免地表现出热情边际递减的规律效应。改革开放迎来了新的契机，市场经济的确立，平等观念日渐浓厚，权利意识逐渐勃发，国家管控的放权空前释放了社会的活力，解放了社会，解放了人，各类社会组织逐步产生并登上治理的舞台。

中国地域辽阔，人口众多，情况复杂，经济社会发展不平衡，东中西部差距较大，城乡差距较大，民族地区和非民族地区发展差距较大。从人口分布看，少数民族主要分布在地方地区。地方多民族地区具有地方、民族、地理环境独特、发展落后、跨界人口流动频繁等特殊性，具有显著的多样性。民族地区的治理方式有别于非民族地区，各种内外力量相互交错，治理风险加大，政府治理需要在深入分析理论基础上，针对现实中突出的治理问题，充分引导、鼓励、支持、发挥社会力量的治理作用，方可提出有意义的思路。历史上形成的"大杂居、小聚集"格局是寻求国家治理和社会治理的重要参量，地方民族地区的复杂性是影响国家与社会良性关系的重要因素。就云南来说，"云南的国土总面积39.4万平方公里，与缅甸、老挝、越南3国接壤，国境线长4060公里，全省多山，平坝只占总面的6%，山区、半山区占94%。是我国民族最多的省份，人口在5000人以上的世居少数民族有25个，其中15个是云南独有的，有15个少数民族跨国境而居。人口超过100万的少数民族有彝、白、哈尼、傣、壮5个。少数民族人中约1380万，列全国第二位，占全省总人口的33.3%"。[①] 就地区点看世居主体多为单一民族，整体而言则为"小聚集、大杂居"。接壤的国家不同，跨境非政府组织影响也不一样，缅甸较老挝、越南复杂。地理环境多样性、民族多样性、边境居民跨界性等特情，是云南非政府组织活跃的土壤，被誉为"NGO"的摇篮。云南省内的非政府组织类型众多，包括登记、备案的和没有登记、备案的传统与新兴的草根组织，功能多样，主要是发挥治理的正向作用，也有需要规范、矫正、引导的一面。

非政府组织的兴起有着复杂的社会变革、民主化以及现代性多种元素相互交织的背景，因其涉及的社会历史因素较为广泛与庞杂，致东西方不同论者在寻求非政府组织勃兴的历史与社会维度时，往往出于学术视野和认知选择性而局限于某一方面。从事哲学、社会学、政治学、法学、文化学甚至经济学的一些学者都在自己的领域范围内对非政府组织进行解释和分析。尽管，从发展趋势上看，对非政府组织的研究出现了一些交叉学科，比如，法社会

[①] 内部资料：《云南省情》，2015年。

学、经济哲学等,使该方面的研究朝着综合与专项的路径演进,诸如非政府组织与社会风险治理、非政府组织与公共治理、非政府组织与危机管理等多个方向进发,研究越来越精、专,如对环境非政府组织在资源开发、生物多样性保护、邻避工程中的作用研究以及非政府组织在解决医患纠纷中的安全阀作用研究等无不如此。不过总体而言,仍存在着一些缺憾,要么是在移植外来理论时对非政府组织提炼不精,出现乌托邦色彩,以致"水土不服",在运用于我国现实时觉得生硬和空洞,针对性较弱,不太透彻和解渴;要么是对现实中的非政府组织存在的状况摸的不透、不准,实证资料单薄、不厚实,往往倚重的是二手材料或者是现有文献资料上表达的信息,不接地气。这样难免导致在研究时会偏离目标,尤其是涉及地方民族地区非政府组织与治理的问题时,很难令人信服。

第二节　研究目的与意义

一　研究目的

马克思曾指出:"人的思维是否具有客观的真理性,这并不是一个理论的问题,而是一个实践的问题。"恩格斯也曾指出:"社会上一旦有技术上的需要,则这种需要会比十所大学更能把科学推向前进。"无论是理论研究还是应用的实证研究,都必须紧扣现实需要,瞄准现实问题。非政府组织与治理方式的关系研究的立足点和根基在于回应现实关切,抓着现实症结,提出有价值的解决思路。

个体诉求上访和群体性冲突是当下中国社会冲突的主要表现形式,随着社会的急剧转型和利益结构剧烈调整,官员腐败、社会贫富差距日益扩大、利益固化、部分群众利益实现不力等引发公众不满,利益诉求渠道不畅,就是信访等法律渠道作用也不太理想,底层群众不得不频繁做出超越法律范围的抗争,部分地方政府在对这些抗争进行治理时,往往通过公权力的行使强硬压制于一定范围,进而获得暂时的静态治理效果。"2015年中国的群体性事件在数量上继续增长。"① 从治理的主体力量看，主要是各级政府行政机关、司法机关及政府授权的履行一定行政行为的事业单位，甚至下移吸纳村级组织；从治理的手段方式看，主要是通过公权力的强行行使，往往采取"搞定就是治理，摆平就是水平"的强力方式，追求"风平浪静"的"绝对稳定"，耗费巨额的财力、物力、人力，存在明显的短期化治理行为，运用堵、截、抓、关手段，忽视疏、缓手段；从治理的机制看，以权益保障为核心的社会治理模式有待建构，以往多是自上而下的行政方式。2013年以来，治理力量虽有下移，但总体上还是没能构建上下联动、政府与社会力量合作共治的法律治理机制，社会力量在治理中的作用有待进一步增强；从治理信息的公布来看，一些地方政府怕事件影响政绩，搞信息隔离与封锁，捂着、盖着、藏着，使治理事件真实信息和外界渴望知道或传播的信息大相径庭，其结果往往导致网络围观和现实围观的群众猜忌、愤怒，事态变异和扩大。十八大以来一系列治国理政重大战略和措施的落实，为治理创造一定的良性条件，特别是高压反腐下，对腐败分子的惩处，一定程度上缓解了群众对政治生态的负面看法，减弱了官民对抗压力，挽回了大量民心，为社会治理奠定了基础。但是，"反腐红利释放殆尽"②，"根据国家统计局的数据显示，2015年与2010年数据相比，公安机关的伤害刑事案件和抢劫刑事案件分别下降了31%、24%，进一步说明社会大众最广泛关心的人身安全不断趋于好转。财产安全面临着前所未有的挑战和风险，其突出表现为诈骗案件的急剧上升。据统计，2015年刑事案件达到了714.4万件，与2014年相比，增加了63.43万起，其中诈骗案件一

---

① 于建嵘：《当前群体性事件的态势和特征》，腾讯网，http://cul.qq.com/a/20160223/023980.htm

② 祝华新：2017《社会蓝皮书》发布会暨中国社会形势报告会，中国网，www.china.com.cn/zhibo/2016—12/21。

项就增加了 26.45 万起，占到了增值总量的 41.70%，马上就接近 50%。2016 年电信诈骗案件再度高发，互联网金融、虚拟货币以及金融互助等成为不法分子进行诈骗的中重要平台，2015 年年底的 E 租宝、泛亚等大案要案，表现出涉案金额高、涉案人数多，涉案地域广的。我们以 E 租宝为案例，涉案金额达到 500 亿元，涉案人数超过 90 万人，涉及 31 个省份和地区。泛亚影响小一点，但也不小，涉案金额达到 430 亿元，涉案人数为 22 万元/人，涉及 20 个省份和地区"[①]。但是，就治理效果的实质而言，由于治理手段、机制、方法、理念的惯性，似乎治理还没有跳出"压—稳—放—乱"的圈子。2016 年上半年发生的社会风险事件还在不断增长，前些年征迁补偿遗留的问题逐渐浮出水面、民族地区资源开发移民后续发展治理压力增大、非传统诉讼案件呈爆炸式增长，尤其是涉及面极广的各类诈骗或集资案件居高不下，老百姓的不满情绪没有得到根本扭转。那么，到底如何建构常态化、动态化、认同化的社会治理体系和高效顺畅的治理机制仍然是长青化的理论问题，如何创造性的构建一个与社会经济发展相适应的具有时代性的治理体制任重道远。在大力推进创新社会治理体制的当下，多民族地区基层社会组织力量如何与政府真正形成良性互动、非政府组织到底以什么样的角色进入治理领域并承担相应治理任务、非政府组织进入治理体系需要什么样的外在条件和自身条件、非政府组织究竟在治理中能提供哪些积极的作用、如何以法律来界定非政府组织的性质和价值等都是需要深入研究的问题。

二　研究意义

（一）理论意义

本书旨在透视非政府组织在多民族地区生成演化的品格与活动

[①] 周延东：2017 年《社会蓝皮书》发布会暨中国社会形势报告会 www.china.com.cn/zhibo/2016-12-21。

规律，揭示非政府组织与现代社会结构的互动关系，进而系统论证非政府组织与当地社会治理之间的内在联系，弥补非政府组织与治理关系的研究不足，对形成系统的理论具有重要的学术价值。在跟踪研究的基础上，力争从内容方面，针对学界和实务领域关于非政府组织的庞杂叙述进一步梳理综合当下非政府组织的本土特质，确立理论研究的基础；以法社会学的视野，对当前社会治理的基础和内在要求进行理论概括，进一步分析地方民族地区非政府组织与治理方式之间的内在关联，争取拓宽研究视野和领域。在研究对象上，重点阐释云南地方非政府组织参与治理的路径、功效、方式及如何运用法律矫正非政府组织的行为。在方法上，以实证分析为支撑上升到理论再由理论回到实践，构建尽量一套多民族地区非政府组织与治理方式转变之间的法社会学方法论。

（二）现实意义

治理不仅仅靠政治整合的单一方式，更不能期望运用行政权力的控制，而是要找到利益诉求的代言渠道，以利益的实现为中心来设定治理方式和路径，同时，要积极寻求体制外的利益表达和维护通途。多民族地区民族众多，文化多元，利益诉求多样，民族关系、地方安全、社会安定交织，理应寻求多种有效协调方式。目前，多民族地区的非政府组织活动目标和价值观具有多维性，在政府和民众双向互动中充当有益的利益调节器和矛盾安全阀。因此，在行政权力仍然是社会的中枢之当下，政府如何引导、管理非政府组织参与的积极作用，建构以社会管理创新为基础的治理方式乃是长治久安之道。在多民族地区又有着非政府组织跨国频繁流动的事实，且社会管理结构放开的情况下，境外非政府组织可能利用当地经济、文化、信息、生态、安全、宗教的渗透，对地方社会治理构成某种负向性扰乱，如何控制非政府组织的政治敏感性，对其进行纪律约束和法律引导，进而建构一种非政府组织与政府合作互动的新型治理观具有重要的现实意义。

本书立足云南这一多民族地区的特殊性，支持与矫正并举，尽力通过实证研究深入分析非政府组织的内部机理和外部运行机制，同时，在分析、梳理、借鉴国外理论成果基础上，对非政府组织进行深入解读，集中和准确定位非政府组织的性质，以此为理论框架之重要方面，对非政府组织推进治理方式转变的机理进行分析，为治理方式的转变提供理论支撑。具体来讲有几个方面：第一，梳理地方非政府组织的现状，提炼非政府组织参与治理的利益表达代言人功能；第二，辩证评价非政府组织的正向作用和可能的偏离，深入探讨民族地区非政府组织作为沟通社会与政府的重要渠道作用；第三，对现有的社会组织参与政府决策风评进行剖析，比如，非政府组织参与社会风险评估体系方案的制订等，拓展非政府组织在治理中发挥作用的领域；第四，分析民众对非政府组织的心理认知和预期，揭示民众是以怎样的态度和方式通过非政府组织来表达和维护权益；第五，通过研究为负责治理的公共权力部门正确把握群众利益诉求，积极发挥非政府组织在治理中的作用提供决策参考。

第三节　文献综述

我们处在一个大变革时代，这是一个最好的时代，也是一个充满荆棘的攀登时代。地方政府面临的治理难题增多且具有不确定性，有些很难预测。在经济增长与发展不平衡性的双重变奏中，因贫富差距、区域差距扩大和就业困难导致的社会风险指数增加，一些人的社会行为失范。工业化、城镇化、信息化、农业现代化、生态化等工业和后工业时期的发展任务叠加于狭小的时空，又构成了复合风险，这样的情况就是"转型陷阱"，政府治理能力不提升能行吗？

面对"转型陷阱"带来的社会风险，传统治理方式需以加强社会建设为重点进行创新性转换。作为社会建设重要力量的"非政府组织"以利益表达为核心,在发展当地经济和协调利益诉求等方面起的作用逐渐凸显,推动着治理机制的不断创新。研究多民族地区非政府组织与治理方式转变,需要拓宽视野,摸清非政府组织、社会稳定问题及非政府组织对治理方式转变的作用。鉴于此,文献综述重点围绕"非政府组织、社会稳定的风险问题及非政府组织对治理方式转变的作用"三个领域进行分项介绍与评价,聚焦于非政府组织与治理方式之间的内在关联。

一 非政府组织研究述评

（一）国内非政府组织研究

1. 非政府组织的兴起研究

就非政府组织的兴起背景而言,涉及的研究成果甚巨,综合观察,绝大部分研究者在分析、运用非政府组织理论时均采取不同的形式论及这一话题。自20世纪80年代以来,非政府组织的研究日趋活跃,时至今日依然是学界研究的热门论题,研究成果十分丰富,包括论文、专著、学位论文等多种形式,涉及的论题不断扩展,总量多达1000多篇（部）。值得特别关注的是关于"非政府组织的研究综述"非常多,仅百度、万方等数据库能搜集到的约200余篇,如此庞大的研究成果,给本书的研究提供了充足的理论肥料,但是,也给分析带来不小的难度。针对非政府组织兴起的国内背景,大致集中在以下几个方面:

（1）市场经济的推动作用

这一背景是论者广泛论及并肯定的因素。众所周知,1978年开启的改革开放伟大历史进程,以市场经济体制改革为目标,有力推动了社会结构不断转型。市场经济条件下,社会资源流动性加强,"商赋人权"的平等观念的逐步增强,社会结构不断调整转变,社会自主空间扩大,从而催生了一个大家陌生的公民社会空间,而公民社会空间的实体要素就是各种各样的非政府组织。谈志林从新制度经济学理论出发指出:"非政府组织实质上是市场经济中一种内在的制度安排,民主政治、市场经济和非政府组织共同构成现代社会基本的制度框架。"[1] 刘祖云以政治空间转换的独特视角指出:"企业组织以其'市场资本'挤压着政府组织的空间格局,迫使'行政资本'不得不让渡部分政治空间。而近年来,非政府组织以其'社会资本'的权威同'市场资本'和'行政资本'形成了抗衡力量,并一同构筑了政治空间的'三足鼎立'之势。"[2] 顾建光在《非政府组织的兴起及其作用》指出:"随着我国改革开放的深入和社会主义市场经济的建立与发展,整个社会趋向多元化,各种类型的非政府组织也由萌芽发展起来,发挥其特殊的作用。"持这种观点的学者较多,比如,刘文勇《中国非政府组织兴起与发展原因研究综述》等。王名、贾西津指出:"始于1978年的经济体制改革为中国非营利组织的发展带来了生存空间。经济体制改革释放了蕴涵在中国社会各个层面的巨大的能量和多样化的需求,原有的政治化、行政化、一体化的社会走向了开放化、市场化和多元化。"[3] 宋士平、孙莹莹指出:"市场经济的发展不断加速资源流动,不断解体社会的整体性、同质性,使得中国社会的自治空间逐步扩大,为非政府组织的兴起提供了社会条件。"[4] 王学栋、赵斐等人则从市场失灵角度进行分析认为:"市场失灵方向推动非政府组织的兴起。"[5] 总之,学者普遍认为,市场经济体制的逐步确立和完善是非政府组织兴起的重要动因。该观点已是不争的共识。当下的研究主要是向市场经济催生的新组织领域进发,由宏观的市场经济因素论

---

[1] 谈志林:《市场经济体制中非政府组织发展的制度分析》,载《教学与研究》2004年第10期。
[2] 刘祖云:《非政府组织:兴起背景与功能解读》,载《湖南社会科学》2008年第1期。
[3] 王名、贾西津:《中国非营利组织定义、发展》,载《公益慈善论坛》2015年8月4日。
[4] 宋士平、孙莹莹:《近十年国内非政府组织研究述评》,载《理论月刊》2011年第11期。
[5] 王学栋、赵斐:《非政府组织:一个新的研究题域——国内近年来非政府组织研究述评》,载《中国石油大学学报》2006年第2期。

向市场资本形态转移,比如,由传统研究内容向私募基金会、电商联盟等新兴组织领域研究拓展。

(2) 政府职能转变推动非政府组织兴起

随着市场经济的深入发展和社会结构转型,原有的政府职能不太完全适应新的形势,在市场和国家的博弈过程中,政府职能逐步转变,由强力型、全能型政府职能向柔性、有限政府转变,不断推行政府职能转变改革,一些不该由政府管理、不能由政府管理、政府管不好的职能逐步分离给社会,由社会承接政府转移出来的职能。特别是十八大以来,加强社会治理体制创新重大措施的逐步落实,政府职能转变的力度不断加大,对非政府组织的发展起着巨大推动作用。学术界和实务界对政府职能转变是非政府组织兴起的原因形成高度共识。凡是研究成果涉及我国非政府组织兴起的原因时,基本上都将政府职能转变作为非政府组织兴起的重要动因。也有一些学者在寻求非政府组织兴起的理论资源时借用西方政府失灵理论来分析解释非政府组织兴起的背景。这些研究有两个维度:一是政府职能转变释放的社会行动空间对非政府组织兴起的作用;二是从政府失灵中借鉴理论资源,针对我国政府管理中部分职能失灵情况下,需要非政府组织承担相应社会管理职能,这是非政府组织兴起的重要动因。具体为:

第一,政府放权释能为非政府组织的产生提供了"公益真空"。有学者认为,"政府的职能转变,就是要使政府由'全能型'向'有限型'政府转变。精简后的政府无法承担大量复杂的社会问题,市场也无法解决这些问题,由此产生的'公益真空'为非政府组织的填充、补位提供了条件"[①]。张劲松、许甜甜认为"中国政府正逐步退出经济领域,变直接管理为宏观管理,并越来越多地注重社会管理和公共服务。原来由政府承担的许多职能,越来越多的还给

---

① 陈鹏:《我国政府职能转变背景下非政府组织的发展路径选择问题研究》,西南财经大学硕士论文,2009年。

社会,并由社会中的非政府组织来承担,形成政府—市场—社会的三维互动体系,使社会在均衡的状态下良性运转"[1]。持同样观点的比较多。[2]

第二,借鉴西方政府失灵理论分析非政府组织的兴起必然性。部分学者将西方政府失灵理论介绍至国内,用国内理论话语来吸收、转换政府失灵理论,以此作为分析非政府组织兴起的理论基础。比如,吴江生、苏玉菊两位学者借用西方政府失灵理论,在《非政府组织的发生学解释》[3]中认为政府失灵主要表现在:"成本危机,即政府要承担一系列的经济调控,公共产品供给等职能,就必然要形成与这些职能相对应的机构和人员;效率低下;与寻租相关的腐败现象;政府自身的自利性;官僚作风。行政职能急剧膨胀,行政权大力扩张,不再局限于传统的国防、外交、税收、治安领域,而是涉及到社会生活的方方面面。例如,社会保障、劳动保护、环境保护、自然资源的合理利用以及许多其他诸如此类的行政法领域。"该文在分析国内政府职能时,强调了我国政府的特殊性,即行政权力一直以来就是过于强大,向社会和市场的延伸过多,势必出现一些管不好、管不了的领域,这些领域中的一些任务市场又不愿意承接。但是,这种状况毕竟与西方政府失灵不能等同,"而

---

[1] 张劲松、许甜甜:《论非政府组织对政府职能转移的承接》,载《新视野》2012年第4期。

[2] 李强:《我国政府职能转变中非政府组织参与社会管理研究》,载《贵州民族学院》2010年第5期;石瑞华:《我国政府职能转变视野下非政府组织的发展》,载《燕山大学学报》2009年第3期;冷明月:《试论政府职能转变背景下的非政府组织发展》,载《甘肃农业》2006年第2期;付ళ平:政府职能转变中的非政府组织发展"经济转型与政府转型"理论研讨会暨湖北省行政管理学会年会论文,2011年度;郑华:《我国非政府组织发展与政府职能转变》,载《上海交通大学学报》2007年第4期;崔发展、陈海兵:《政府职能转变视角下我国非政府组织的现状与改革路径》,载《哈尔滨师范大学社会科学学报》2016年第5期;邱婷婷:《政府职能转变势下的非政府组织管理模式探索》,载《淮海工学院学报》(人文社会科学版)2011年第3期;杨秀实:《政府转变职能下的非政府组织发展》,华中科技大学硕士论文,2006年等。

[3] 吴江生、苏玉菊:《非政府组织的发生学解释》,载《华南师范大学学报》(人文社会科学版)2009年第3期。

中国 NGO 起步时的高度集权的国家形态并不是西方意义上的福利主义国家；同样，中国的'市场失灵'更多是指市场经济体制不完善，政府权力过多介入下的市场扭曲，这与西方完善的自由市场经济的'市场失灵'有本质上的区别"。因而，解决政府失灵就不得以被迫的收缩和放权，本质上还是一种政府主导行为，此种情况下非政府组织就承担了某些公共任务。

（3）公民社会为非政府组织提供了社会基础

对非政府组织兴起的背景进行述评，必然涉及公民社会问题。从非政府组织的演进历程不难看出，公民社会理论的历史宽度远超非政府组织的时间年轮。国内对非政府组织的研究兴趣在一定程度上得益于公民社会（或市民社会）理论研究的深入与拓展。正是公民社会为非政府组织提供了丰厚的社会土壤，而非政府组织则自然地成为名副其实的公民社会基本实体要素。尽管，二者的分析理路和逻辑线索不能等同（持二分法观点的学者认为，公民社会相对于国家而言，持三分法的学者则认为，公民社会、市场经济和国家三个领域），但是，近代以来，在很多情况下，公民社会与非政府组织犹如理论或事实的孪生姊妹，相影随行。把公民社会作为非政府组织发展的社会基础进行研究的文献甚丰，内容庞巨。刘文勇通过政治、经济、文化和国际四个方面来分析非政府组织兴起的背景，而这四个背景内容从逻辑上看，都是先由公民社会生发出非政府组织，特别是在阐明经济背景时更直接表述为"公民社会组织"，正如其所言，刘文勇指出："总的来说，在全球公民社会发展的国际背景下，中国改革开放后日益民主的政治环境为中国非政府组织的发展创造了空间，在经济发展动力的推动下，中国非政府组织兴起并发展起来，并且这种发展镶嵌在历史文化的进程中。"[①] 俞可平在《中国公民社会研究若干问题》一文中将社会分为三个部分：政治

---

① 刘文勇：《中国非政府组织兴起和发展原因研究综述》，载《理论界》2012 年第 7 期。

社会、经济社会、公民社会。并把公民社会看作国家或政府系统以及市场经济或企业系统之外的所有民间组织或民间关系的总和,公民社会的组成要素是各种非政府或非企业的公民组织。[①]李景鹏在《非政府组织与公民社会的建设》中以公民社会为学术与实践背景,从我们是谁、我们从哪里来、我们到哪里去三个方面回答公民社会建设与非政府组织的内在共生关系[②]。赵黎青在《柏特楠·公民社会与非政府组织》一文概括柏特楠的理论时认为,公民社会有四个特征,其中第四个特征是"合作的公民社会存在各种协会组织。这些组织包容公民社会的价值与规范。在各种协会中,成员之间的互助互惠培养起感情和增进相互了解,这样可以避免各种极端的主张与行为。各种协会存在是社会发展成功的重要条件"[③]。

2. 非政府组织的含义与特征研究

(1) 非政府组织的含义

学界关于非政府组织的定义十分复杂,定义的方法多样。有的是按照国际上的概念,比如联合国宪章中的定义;有的是根据国外学者的理论界定,比如萨拉蒙的概念;有的是从国外现有规定中总结出来的含义;有的是运用排除法来界定,比如排除掉国家和营利性企业之外的组织性团体都归为非政府组织;有的是从内涵上界定非政府组织概念,比如具有自治性、自愿性和非营利性的社会组织都归为非政府组织。非政府组织的替换概念也很多,有的叫公益性组织,有的叫社会组织,有的叫草根组织,有的叫民间组织,有的称为"NGO"。民政部门下属的民间组织管理局已更名为社会组织管理局,表明非政府组织这一民间提法在官方向中性的社会组织转变。总的趋势来看,非政府组织定义很复杂,学界并未形成高度精

---

① 俞可平:《中国公民社会研究若干问题》,载《中央党校学报》2007 年第 6 期。
② 李景鹏:《非政府组织与公民社会的建设》,载《中国第三部门研究》2011 年第 1 期。
③ 赵黎青:《柏特楠·公民社会与非政府组织》,载《国外社会科学》1999 年第 1 期。

准的共识,而对非政府组织概念的研究则呈现频率和关注力递减的趋势,当下大多研究者很少对非政府组织的概念进行专项辩研,而是根据分析和解决问题的需要,在理论框架方面予以精炼概括,服务于论述目标。

(2) 非政府组织特征

国外学者对非政府组织特征概括代表性的有:杰勒德·克拉克的五特征、莱斯特·萨拉蒙的五特征、彼得·威利茨八特征、沃夫的六特征、日本重富真一的六特征。[1] 其共同之处基本上都包含了非政府组织的非政府性、非营利性、志愿性、非暴力、非对抗政府、慈善性等特征。

国内学者在引介国外学者研究的基础上,结合我国实际情况,力争反映非政府组织的国内独特性,对非政府组织的特征进行了概括。马庆钰的三特征论:非政府组织具有非营利性、非政治性、非宗教性[2];王名的四特征论[3]:非政府性、非营利性、公益性、志愿性;赵黎青五特征论[4]:公益性、对象的底层性、志愿性、协商性、非等级分权性;王绍光的六特征论[5]:组织性、志愿性、非营利性、民间性、自治性、非政治性。

3. 非政府组织的价值研究

国内对非政府组织本身的价值研究不断深入。应用研究上,主要针对非政府组织的项目运作模式、项目合作及和谐社会构建展开

---

[1] 张仲涛:《非政府组织内涵与外延研究综述》,载《学习论坛》2012年第7期。
[2] 马庆钰:《非政府组织生存与发展的逻辑解释》,载《天津行政学院学报》2006年第3期。
[3] 王名、刘求实:《中国非政府组织发展制度分析》,载《中国非营利评论》2007年第1期。
[4] 赵黎青:《非政府组织与可持续发展》,北京经济科学出版社1998年版,第51—53页。
[5] 范丽珠:《全球化下的社会变迁与非政府组织》,上海人民出版社2003年版,第46—47页。

研究，如《国际非政府组织在民族地区的项目运作模式研究》[①]《创新地方多民族地区社会管理模式及其运行机制》[②] 等。近年开始关注非政府组织在社会治理中的作用，站在非政府组织与政府合作的立场，强调服务功能，往往作为一个论点阐述非政府组织在减少矛盾、缓解对抗和利益协调与诉求、社会核心价值观共识凝聚等方面对社会治理所起的积极推进作用，有的谈到了非政府组织与和谐社会构建的关系，也有的学者在论证非政府组织的正向作用时，开始研究非政府组织可能带来的对社会治理的不利因素。对非政府组织的价值研究逐步从宏观转向专项领域，主要包括非政府组织与公共危机管理、非政府组织与社会风险治理、非政府组织在群体性事件（含网络群体性事件）中信息传播、非政府组织与医患纠纷解决等。

（二）国外非政府组织研究

国外学界对非政府组织进行了大量卓有成效的解释和研究。特别是自20世纪80年代以来，伴随着全球公民社会的兴起，学界掀起了一场持久的非政府组织研究热潮。此方面的研究成果颇丰，内涵多维。国外学界关于非政府组织的定义十分庞杂，多达几十种。代表性的人物与观点，如美国学者杰勒德·克拉克认为"非政府组织是指那些私营的、非赢利的、专门性的团体，有着明显的合法特征，关心公共福利的目标。在发展中地区，非政府组织包括慈善基金会、宗教发展协会、学术思想库和其他关注诸如人权、性、健康、农业发展、社会福利和环境这类问题的各种组织"[③]。美国莱斯特·萨拉蒙教授提出的所谓五特征法，莱斯特·萨拉蒙认为"非营

[①] 云南师大课题组：《国际非政府组织在民族地区的项目运作模式研究》，2007年研究报告。

[②] 赵晓荣、王彦斌：《创新地方多民族地区社会管理模式及其运行机制》，载《中国民族报》2011年3月18日。

[③] 李雪：《国内外非政府组织理论研究综述》，天涯社区，ttp://bbs.tianya.cn/post-666-34443-1.shtml，2015.01.06。

利组织或非政府组织是具有如下共同特征的社会组织：（1）组织性，即有一定的制度和结构；（2）民间性，即独立于国家和政府体系之外；（3）非营利性，即不以营利为目的、不分红；（4）自治性，即能够自主决策和自主活动；（5）志愿性，即组织的成员并非受某种外在强制，而是秉持志愿精神自愿组成，其活动经费也来自志愿捐赠"[1]。萨拉蒙的非政府组织概念强调的是非政府组织的价值功能、组织性以及道德属性。美国学者彼得·威利茨在莱斯特·萨拉蒙教授的研究基础上指出："非政府组织是任何非营利的、非暴力的、不寻求政权的、有组织的民众团体"，非暴力性实质上是非政府组织不以任何方式谋求推翻政权或政变，这是非政府组织自身的属性使然。

与政府职能相对的地位考察非政府组织的代表观点看，朱莉·费希尔认为"在第三世界，非政府组织广义上一般指致力于发展的组织。医院、慈善机构和大学通常被称为志愿或非营利组织，而不是非政府组织"[2]，这种观点旨在有意区分非政府组织的非政府功能性而强调其自愿性和非营利性特点。以第三部门或第三领域来界定非政府组织的学者，如美国莱维特提出第三部门或第三领域之说，就是在政府—企业之外存在着另外一个既不同于政府也不同于企业的第三域，这一领域有着大量的各类组织。迈克·赫德森概括了第三域的反向特征，即部门目标模糊易变、组织运作常常难以控制、组织利益相关者众多、责任结构不明确、组织治理关系复杂、志愿主义对于组织较为重要。由于社会结构的交融复杂性，虽然从学理上区分第三部门似乎不太困难，但是，实际政治、经济、文化社会生活中，第三部门的划分更多的是一种理论假设，较为模糊，

---

[1] 李雪：《国内外非政府组织理论研究综述》，天涯社区，ttp://bbs.tianya.cn/post-666-34443-1.shtml，2015.01.06。

[2] ［美］朱莉·费希尔：《NGO与第三世界的政治发展》，刘国胜、赵秀梅译，社会科学文献出版社2002年版，第71页。

且太泛泛，不易把握。因此，尽管其有着理论优越性，总的来看，在国内使用此概念的人不是太多。

综合来看，国外对非政府组织的研究较为成熟，基本上是根植于本国的宗教与政治传统，站在非政府组织目标与国家政治目标宗旨相对立的角度，着眼于非政府组织的角色和力量是如何随着国家的不同而改变的、社会组织与公民信任、非政府组织的减压器、孵化器功能、政治机会结构中的新社会组织运动（从激进到安稳）、社会组织与社会资本等，注重维护权益诉求、公民参与作用，并就全球公民社会对全球治理的影响进行研究。研究人员在分析非政府组织对地方治理的影响时多涉及社会稳定，是放在公民社会背景下进行的，多是积极评价，如美国田纳西大学政治学系、英国诺丁汉大学中国政策研究中心等机构。国外的研究大多侧重于研究方法的创新，注重个案研究和理论总结之间的衔接，并能够把当前的最新理论进展反映到研究中去。虽然非政府组织在化解社会矛盾中的作用已经有了一定研究，但是，多民族地区非政府组织与治理的关系研究不多，不很充分。

二 社会治理研究述评

社会治理是对社会管理的超越，旨在强调治理不是一种活动，而是一个动态的过程，"治理不是以支配为基础，而是以各种治理结构之间的协商和互动为基础。社会治理就是由多元的治理主体通过协商与互动的方式，对于与其利益攸关的社会事务做出共同决定并采取一致行动，从而实现社会生活的正常运转，满足人们的基本需要的过程"。[①] 社会治理的目标在于追求一种公正公平的社会环境，关注民生、走向善治是这种目标的具体体现。实现善治的一个重要途径就是通过对社会风险的多元共治达致较为和谐稳定的环

[①] 孙晓春：《社会治理研究及实践反思》，人民论坛，2016年3月22日。

境，以利于改革发展的有序推进。因此，本书着重评述社会治理之重要内容的社会稳定问题的研究状况，以期把握社会治理的纲脉。

社会稳定是社会治理创新的基本内容，而非政府组织在社会稳定方面所起到的积极作用显而易见。如黄建钢等著《社会稳定问题研究》[1]是作为具体章节的论点论述的；中国社会科学院的《中国社会和谐稳定研究报告》[2]指出当前影响社会稳定的因素源于各种社会矛盾，对非政府组织在促进社会稳定的作用方面则涉及相对较少；《以利益表达制度化实现社会的长治久安》[3]，深度阐述了治理的困境与出路，部分内容论及如何更好的利用非政府组织的作用；肖唐镖主编的《维权表达与政府回应》[4]《农民抗争经典著作评述》[5]对非政府组织在风险治理过程中的作用给予了积极肯定。社会稳定问题一直是学者跟踪研究的重点领域，形成跨学科、多部门、多领域相互交叉研究的态势，因社会稳定是一项复杂的工程，具有综合性、叠加性、系统性、多变性、不确定性等特点，因此，研究的范围和内容涉及社会治理、公共危机、社会风险、社会冲突等方面，涉及的学科很多，不单单是公共管理，政治学、法学、社会学等都在研究，甚至传播学也作为重要研究领域。研究方式从理论研究向实证研究推进，特别是2012年国家发改委出台了重大项目"风评"规章之后，重大项目风险评估研究成为重要方向取得大量成果。鉴于社会稳定本身的复杂性和研究领域宏大，仅从以下方面对社会治理问题的研究情况进行述评。

（一）关于社会治理的目标研究

治理的目标处在一个动态的变化过程中，由静态稳定到效率

---

[1] 黄建钢等：《社会稳定问题研究》，红旗出版社2005年版。
[2] 李培林：《中国社会和谐稳定研究报告》，社会科学文献出版社2008年版。
[3] 清华大学课题组：《以利益表达制度化实现社会的长治久安》，《学习月刊》2010年第23期。
[4] 肖唐镖主编：《维权表达与政府回应》，学林出版社2011年版。
[5] 肖唐镖、刘莉主编：《农民抗争经典著作评述》，中国社会科学出版社2016年版。

再到善治下的公平公正社会环境，当下善治的重要内容是关注民生和人民群众福祉。要实现治理目标必须拥有与之匹配的社会稳定环境，因此，以社会稳定为视角梳理检视治理研究的理论演进是十分必要的。社会稳定之治理研究成果颇丰。叶竹盛指出①，2011年之前政府在追求治理价值时，习惯性的将治理的目的直接归结为"稳定"本身，把追求静态的稳定作为目标，这种表面化目的受到诸多质疑。到了2011年之后这种治理目的逐步转变为以维权为核心价值的治理之道，不再单一追求治理的静态效果，有意识围绕诉求者的利益诉求，将维权放在法治治理的大盘子里统筹考虑，这是好的趋势，但是，在多民族地区这种趋势转变较慢，比如发生在云南晋宁县的2014年的"10·4事件"，2013年发现大规模诉求后，政府在处理时动用了大批的警力，还包括特警在内，这说明治理的权利意识不强，权力意识太强，没有真正把握村民利益诉求，并予以切实回应，终酿致悲剧事件。十八大以来的治国理政战略中，在涉及社会稳定事件，党中央高层已明确强调要把治理和维权相结合，梳理新的治理理念，这一理念和策略正在积极推进。

（二）关于社会治理的力量整合研究

政府作为治理的基础力量和角色，已是学界共识，这种基础力量不是唯一主体，而是以政府为主导，社会团体、组织参与，与传统社会治理方式存在较大差别。随着社会治理创新的不断深入发展，在主体方面讨论较多的是如何改变公权力单一主体的弊端，实现多元主体共治，就如何切实整合社会多元力量参与社会治理进行了一些探讨，重点探讨各个主体之间的协调。吴俊芳、方塑认为："多元社会主体在基层治理方面大有可为，基层政府应适度放权并动员社区、企业、志愿团体、NPO和NGO等多元社会组织积极参

---

① 叶竹盛：《维稳大变局》，载《南风窗》2014年第3期。

与到地方治理工作中，实现治理主体由分散走向合作，从而减轻基层政府治理压力。"① 陈发桂认为："从单一参与主体、应对手段与评价方式的治理机制转化为多元共治的治理新机制，就是要求基层社会治理模式由政府唯一管理主体和权力中心走向以政府为主导的多元共治。"②

（三）关于社会治理机制研究

近年来，学者对政府单边控制型治理质疑颇多，特别是对为了治理而治理的做法强烈质疑。尤其是对没有扎实的现实基础的虚构社会治理进行猛烈抨击。从目前研究状况看，学者将社会治理的运行机制概括为以下几种类型：政绩型激机制、压力型机制、控制型机制、利益型机制、法治型机制。还有部分学者研究了社会治理中的"权力—权利—法"的三角关系机制。

（四）关于社会治理成本研究

普遍认为当前各级政府对社会风险的治理成本有点偏高，高投入并没有获得较高的治理效果，因此，饱受争议。有学者利用边际成本效益理论分析，认为治理成本投入也不可避免地遵循边际效益递减规律，亦即当随着治理成分不断加大的时候，其产出的效益是递减的，如果投入超过一定的界线则治理效果就会下降，进而陷入恶性循环。有学者提出，治理成本的优化，认为"花钱买稳定"的治理理念当然是"恶的成本"，而非善的成本。目前情况看，社会风险的治理趋势是由单一的利益核心向凝聚社会核心价值观共识方面转化，或者追去利益与核心价值观的双重变奏。

（五）关于非政府组织参与基层治理研究

基层治理是学者关注的重点之一，普遍将政府治理职能与社会自治结合起来，寻求治理的合理态势。特别是就如何发挥社区社会

---

① 吴俊芳、方堃：《地方政府治理机制变革：一种整体性治理的策略》，载《领导科学》2014年第15期。

② 陈发桂：《多元共治与基层治理运行机制之完善》，载《中国社会管理论坛》2012年度。

组织的作用以实证个案的方式进行解剖式研究，取得丰硕成果。多数论者对非政府组织参与社区治理持积极、开放的态度，并从参与主体间的合作、参与机制、参与路径及如何引导、鼓励支持非政府组织参与综合治理等方面进行了卓有成效的探讨。如李飞飞、王胜本在《我国非政府组织参与城市社区治理的问题与对策》一文中，从外在环境和内在管理两个方面，探索非政府组织在参与社区治理过程中遇到的政府主体对非政府组织的看法、参与社区治理的机制路径障碍等问题进行了分析，并以此提出相应的对策。①

（六）关于如何发挥非政府组织在治理中的作用研究

就如何发挥非政府组织在治理中的作用进行深入探讨，这一研究的视野较为宽广，往往是将非政府组织的治理作用与公共冲突治理、风险治理、危机管理等专项领域紧密联系进行论述。比如，赵伯艳在《社会组织在公共冲突治理中的作用》一书中，从社会组织在公共冲突中的角色、作用、条件与障碍、路径等方面进行了全方位的论述。②王敖在《浅谈非政府组织在维稳信息工作中的重要作用》中指出，我国非政府组织的发展壮大及其推动社会进步的重要作用，使其具备了参与政府治理工作的必要条件；非政府组织的活动特点和占有的社会信息资源，使其拥有了参与治理情报工作的重要优势；公安机关与非政府组织建立情报合作关系，将推动治理工作的进步。③

（七）关于"风评"的问题研究

肖群鹰、朱正威、刘慧君在《重大工程项目社会稳定风险的非干预在线评估模式研究》一文中，首先，分析了重大工程项目社会稳定风险评估存在的失真和失灵问题，对线下评估失灵进行了检

---

① 李飞飞、王胜本：《我国非政府组织参与城市社区治理的问题与对策》，载《河北理工大学学报》2015年第6期。
② 赵伯艳：《社会组织在公共冲突治理中的作用》，人民出版社2012年版。
③ 王敖：《浅谈非政府组织在维稳信息工作中的重要作用》，载《法制社会》2012年第26期。

讨，肯定了在线评估的优势；其次，通过采取归纳法，分析项目选址地网民线上线下活动的协同效应，并分析设计及理论解释模型之线上线下协同表达原理、社会稳定风险的在线评估（对风险感知、负面情绪进行模型测量）、变量操作化（把群体对抗行为倾向、风险感知和负面情绪进行定量操作），以此建构有效模型；再次，选择广东江门市鹤山龙湾工业园核燃料项目时间作为算例，进行研究假设检验，辨明相关理论关系；最后，对非干预在线评估模型进行检验与应用，并由此得出结论"基于大数据的社会风险评估方法，可以运用至重大工程项目社会稳定风险评估""互联网社会的舆论往往比传统渠道的利益表达，更清晰、集中和激烈，据之评估者更容易了解项目选址地群众的诉求，更容易准确预警项目风向。"[1] 这一研究具有代表性，参与风评的主体是政府委托的第三方可资信赖的拥有相应资质的非政府组织，风评研究则向着细腻、深入、可量化操作方向演进。

三 多民族地区非政府组织与社会治理方式转变研究述评

目前，大家已经关注到非政府组织在社会治理中的作用，但是由于多民族地区的经济、社会发育、文化、宗教活动、民族心理、新社会组织的变化等因素的特殊性，与其他地区有明显的差异，根据现有状况及资料搜集，有必要对非政府组织与社会治理之间的内在关联进行科学分析和评价、解决处于政府治理与社会结构关系中的非政府组织角色担当；民族地区本土非政府组织对当地社会与文化的冲击或影响、多民族地区非政府组织的对当地民众能够解决的问题和矛盾在消解社会对抗、避免社会动荡方面的绩效等关键领域进行深层的经验总结与理论分析。

---

[1] 肖群鹰、朱正威、刘慧君：《重大工程项目社会稳定风险的非干预在线评估模式研究》，载《公共行政评论》2016年第1期。

(一) 非政府组织与多民族地区社会治理研究

赵会、陈旭清在《境外非政府组织 (NGO) 与西藏治理关系研究》一文以西藏社会治理基本现状为现实基础，分析了疆外非政府组织对西藏的经济、社会、文化等积极影响、同时也分析了消极影响，其结论是"尽管有一些境外 NGO 在西藏地区开展非法活动.给西藏社会稳定与安全构成了威胁，但整体看来，绝大多数境外 NGO 给西藏地区带来了大量资金、先进技术和管理经验在推动西藏地区民生改善、公益事业发展等方面发挥了积极作用，因此，其主流是好的"[①]，并进一步分析了非政府组织对社会治理的改变，主要包括：培育了社会治理新的主体、优化了治理方式、改变了治理方式。赵金亮、张翔在《非政府组织参与地方民族地区公共物品供给分析》一文中分析了非政府组织在公共物品提供中的重要性，指出了非政府组织参与地方地区公共物品供给面临的困境包括法律困境、合作机制不畅、自身建设不足等，在此基础上，提出优化路径：加强非政府组织与政府、企业的合作、加强自身建设等。[②] 其他类似研究多是分析了非政府组织在地方社会、经济、教育、文化、妇女儿童权益保护等方面起到的积极作用，也注意到了非政府组织的消极作用，并论述了非政府组织的塑造社会和塑造自治空间的角色。

(二) 非政府组织与多民族地区社会公共危机治理研究

非政府组织与地方社会公共危机治理的关系是近年研究的一个理论热点。马全中在《非政府组织参与危机管理研究述评》中，从非政府组织参与危机管理的必要性、非政府组织参与危机管理的理论阐释、非政府组织参与危机管理的博弈、非政府组织参与危机管

[①] 赵会、陈旭清：《境外非政府组织 (NGO) 与西藏治理关系研究》，载《理论月刊》2015 年第 4 期。

[②] 赵金亮、张翔：《非政府组织参与地方民族地区公共物品供给分析》，载《云南行政学院学报》2010 年第 4 期。

理的挑战与进路、非政府组织参与危机管理的他山之石五个方面详细梳理了非政府组织参与危机管理的研究现状、问题及原因进行评述。该文认为，非政府组织参与危机管理的研究焦点"主要在参与危机管理的作用、与政府的关系、存在问题以及未来进路等方面"，并进一步指出未来研究方向为加强非政府组织参与危机管理的理论基础研究、及时将学界的研究成果转化为现实的行动、加大案例研究和定量比较分析研究。[1] 赵军锋、金太军在《论非政府组织参与危机管理的演化逻辑——基于治理网络的视角》中认为，非政府组织的参与，既是应对危机的现实需要，又是危机管理的发展趋向。参与的发生依赖于关系纽带，组织层面依赖于职能纽带，社会层面依赖于责任纽带。参与的类型包括自发型和引导型两种类型。这两种参与类型的路径方式及影响有异，但都是参与治理网络的途径。[2] 此外，王妮丽在《云南的非政府组织管理探索——基于稳定视角下的分析》中对非政府组织在治理中的作用做了正向论证。[3]

（三）非政府组织与群体性事件治理研究

这类研究成果极为丰富，特别是 2008 年发生的瓮安事件和孟连事件，引起社会震惊，学界对群体性事件进行了深入的大量研究，至今方兴未艾。在寻找治理良策时，大家比较关注非政府组织在群体性事件治理中的作用。因群体性事件的种类、性质不同，非政府组织的作用大小、作用方式也有差异，但总的共识是基本上对非政府组织的作用给予积极肯定，大部分学者认为应给引导、鼓励、支持，非政府组织在应对、处理、消解群体性事件中应当发挥更大、更积极的正向作用，不能歪曲、抹黑非政府组织的作用。胡海在《我国非政府组织与群体性事件治理》中认为，治理群体性事

---

[1] 马全中：《非政府组织参与危机管理研究述评》，载《河南大学学报》2013 年第 5 期。

[2] 赵军锋、金太军：《论非政府组织参与危机管理的演化逻辑——基于治理网络的视角》，载《学术界》2013 年第 8 期。

[3] 王妮丽：《云南的非政府组织管理探索——基于稳定视角下的分析》，载《新西部·理论》2012 年第 9 期下旬。

件过程中，政府肩负着治理的直接责任，但是，政府自身在资源分配、人员结构、组织体系等方面存在局限性，仅仅依靠政府的力量确实很难做到群体性事件的有效应对，因此，应当充分发挥非政府组织参与治理群体性事件的作用，但是非政府组织参与群体性事件治理存在诸如参与门槛、信任度、自身资金、文化认同弱等缺点，需要在促进协调、健全法制、增进互信等方面完善非政府组织参与治理的机制。[1] 王静在《非政府组织参与群体性事件治理初探》从治理主体多元、政府治理存在缺陷角度阐述了非政府组织参与的必要性，提炼了非政府组织具有民间性、灵活性、低成本的参与优势，分析了非政府组织参与的困境，包括资金匮乏、人力资源管理问题的自身缺陷，政府与社会关系不畅，非政府组织公信力、公认度不高等问题。并从加强自身建设、完善法律法规和营造参与的外部环境三个方面提出具体建议。[2] 该文对非政府组织参与群体性事件的研究总体较为宏观，实证支撑有待增强。沈玲、李玉芬在《境外NGO在云南的现状及其影响》中对境外非政府组织在云南的活动状况进行了辩证分析，既看到积极作用，又提出警示与矫正。[3]

（四）非政府组织在化解社会矛盾中的作用研究

杨炼认为："非政府组织在社会弱势群体利益表达中起到了重要作用，具有利益的代表性、表达的组织性。通过培育和发展非政府组织能提高社会弱势群体利益表达的积极性和有效性，缓和甚至化解社会矛盾，促进社会的和谐与稳定。"[4] 康晓强认为："社会组织在社会矛盾化解方面的功能结构是：在社会矛盾发生前充当'安

---

[1] 胡海：《我国非政府组织与群体性事件治理》，载《湖南大学学报》2011年第4期。
[2] 王静：《非政府组织参与群体性事件治理初探》，载《理论学习》2012年第8期。
[3] 沈玲、李玉芬：《境外NGO在云南的现状及其影响》，载《当代文化与教育研究》2013年第1期。
[4] 杨炼：《论非政府组织与社会弱势群体的利益表达》，载《湖北社会科学》2008年第10期。

全阀',提供情绪纾缓平台;在社会矛盾发生时充当'防火墙',提供利益协商平台;在社会矛盾激化后充当'救火队',提供应急处置平台。有效发挥社会组织在化解社会矛盾方面的积极作用,需要在战略布局上把社会组织纳入社会矛盾化解的工作体系之中,逐步推进政社分开,重视对社会组织的'培育发展'、全面监管,注重培育基层社区社会组织,加强执政党对社会组织的有效领导。"[1]杨国平在《转型期社会矛盾化解与社会组织发展》一文中指出,社会组织参与社会矛盾化解的形式包括充分发挥社会组织在公民与政府间的纽带作用、预防社会矛盾发生、形成良好的利益表达机制、缓解社会矛盾、参与社会治理促进社会的良性运行。[2] 史嘉镕在《社会组织在化解社会矛盾中的作用》则从律师职业入手较为实证的分析了社会组织在化解社会矛盾中的作用。主要观点为,支持构建律师团体参与社会矛盾调处的政府购买服务,"双结对"工作机制,充分发挥律师专业调处的效能,开展法律公益援助等机制。[3] 马玥在《浅谈社会组织在化解社会冲突中的作用》中提出了社会组织三大功能,即释放敌对情绪的安全阀、利益诉求平台、社会资源整合器,并就非政府组织发挥社会调处作用的发展空间受限、政策法律供给不足、社会组织管理体制不完善等方面进行了深入探讨。[4] 王宏在《我国民族地区非政府组织治理功能研究》一文中,就多民族地区非政府组织治理功能进行了研究,认为非政府组织是多民族地区多元治理的重要力量,并分析了非政府组织参与社会稳定治理的机制和路径。[5]

---

[1] 康晓强:《有效发挥社会组织在化解社会矛盾方面的积极作用》,载《教学与研究》2014年第2期。
[2] 杨国平:《转型期社会矛盾化解与社会组织发展》,载《人民论坛》2015年第5期。
[3] 史嘉镕:《社会组织在化解社会矛盾中的作用》,载《决策与信息》2010年第4期。
[4] 马玥:《浅谈社会组织在化解社会冲突中的作用》,载《学理论》2015年第4期。
[5] 王宏:我国民族地区非政府组织治理功能研究》,载《重庆科技学院学报》2012年第2期。

第四节 研究方法、创新点及不足

一 研究思路和方法

本书沿着"理论研究→文献搜集→社会调查→对策建议"的逻辑线路，立足多民族地区存在的多元文化对社会秩序的影响，以多民族地区大量活动的国际、国内和本土非政府组织力量在承担当地社会服务过程中对社会秩序建构的积极作用为基本事实依据，以政府治理现状与困境为时代参量，从法学、社会学、政治学、危机管理、公共管理等多学科的视角，采用理论与实际相结合、对比研究与综合研究相结合、规范研究与实证分析相结合、资料分析和数理统计相相结合、定点观察与整体观察相结合的方法，通过与本区域内外相关研究机构和政府有关部门交流与合作及实地调研，对活跃在多民族地区的众多非政府组织对沟通政府与群众之间的利益渠道和增强信任的内在机制进行全面系统的分析和研究，创新社会治理方式，进而提出政府治理方式转变的对策。具体调研方法，以云南经济相对发达的大理州、红河州和地方地区的怒江州为点进行资料搜集和问题分析。这三个地区社会结构、生态多样性、外部非政府组织嵌入、宗教多样、新社会组织的发展都具有代表性。

二 重点难点

（一）重点

1. 信息搜集。深入调研多民族地区非政府组织的特殊性和地方多民族地区不稳定的表现、原因及政策措施。

2. 多民族地区非政府组织与治理的关系，当前多民族地区非政府组织的活动对消解社会抗拒及避免社会动荡方面的效果分析。

3. 政府如何引导、支持、管理非政府组织的发展，如何建构动态良性的发展态势，以此推动治理方式的转变形成新的动态治理观。

4. 非政府组织如何正向推进社会稳定的机制研究及其对不同民众族际和谐共处之协调作用。

(二) 难点

1. 非政府组织怎样通过目标、价值观以及对当地民众认同问题的提升，达到培育民众和谐有序的期望与心理观念的。

2. 非政府组织、政府、群众三者关系中的非政府组织在利益诉求及利益表达机制研究。

3. 在非政府组织与经济社会发展相协调的过程中，怎样将非政府组织纳入治理制度中，引导规范非政府组织发挥积极作用，进而建构新型治理观。

三　基本观点和创新之处

(一) 基本观点

1. 非政府组织的在当地治理中的作用是不可替代的，一定程度上能弥合现代性社会变迁过程中的实践主体与社会活动之间的二元分歧之裂痕。应该加强发展，并注意合理引导。

2. 多民族地区非政府组织有自己的特殊性，这种特殊性需要地方的治理机制更加创新。

3. 在加强社会管理创新当下，民族地区非政府组织对治理的作用需要社会条件、政府因素、人才、资金等综合保障措施。

4. 非政府组织对不同民族民众族际的和谐共处之整合作用不断凸显，非政府组织之间利用集体谈判的方式自行解决群体之间的矛盾。政府要转变观念加强与非政府组织的良性沟通与合作。

(二) 创新之处

根据多民族地区经济、社会、文化、安全、虚拟非政府组织等新情况的复杂性、综合性，通过对多民族地区不同族际民众利益诉求进行实证分析，着手进行研究非政府组织对治理方式的转变推动，特别是对不同类型非政府组织表现及作用、当前存在的问题进行深入调研与分析，以求实现研究结果与方式的创新。通过理论和实证相结合，运用 SPSS16.0 和 STATA 统计分析软件，进行定量分析手段，提炼社会组织建设与社会稳定的热点与难点，以法社会学的视角进行论证分析，具有一定创新性。

四 不足之处

多民族地区非政府组织数量较大，因民族文化、民族心理、价值观念等诸多特殊性，且众多的非政府组织能力差异较大，彼此之间的契合与共融关系不紧实，因此，在研究时难以对非政府组织与当地治理主体的信任关系、治理手段、治理机制等之间进行定量研究。

第一章　非政府组织

第一节　非政府组织概述

一　非政府组织的概念重识

非政府组织由英文 Non-Covernmental Organization 翻译而来，最早是 1945 年联合国通过的联合国宪章中提出的，该宪章第 10 章第 71 条款规定"经济社会理事会得采取适当的办法，俾与各种非政府组织会商本理事会职权范围内的事件"。"1968 年联合国下属的经社理事会通过的 1296 号决议，确立的了非政府组织与经社理事会的法律关系，同时，成立非政府组织委员会负责该组织的咨询地位和观察员身份的确认与登记。"[①] 1972 年，斯德哥尔摩环境大会后逐步形成了在各组织召开会议的同时，在同地点、同时间召开主题相同的非政府组织协商会的惯例；1992 年，世界环发大会后，联合国要求各国政府和政府间国际组织与各国非政府组织建立起切实有效的社会服务伙伴关系和协商对话关系，以便有效解决发展遇到的资金、扶贫、教育等领域的困境；2003 年，联合国根据非政府组织在国家发展中承担的社会服务、人道救助、权利保障、环境治理、监督国际协议的实施等诸多功能，进一步界定了非政府组织的内涵："在地方、国家或国际间组织起来的非营利性的自愿性公民

[①] 马全中：《非政府组织概念再认识》，载《河南社会科学》2012 年第 10 期。

团体。"这表明联合国对非政府组织的认识和运用不断深化，逐步由理念进入实际操作层面。而在其后的发展中，又不断深化对非政府组织的功能认识，由发展之初的咨询功能向承担实际具体工作转变，内涵与外延也随之而变，地方性跨越国家和民族边界的非政府组织也被纳入其中。在作用上，也有了实质性的突破，由非政府组织的辅助性和咨询性功能向实体性功能扩展。除了联合国的定义之外，跨国层面、世界银行对非政府组织的作用极为重视，内部设有"NGO与公民社会部"，专门加强与非政府组织的合作，并持续性的强化对非政府组织的跟踪研究，陆续发布一些有影响的研究报告，比如《世界银行的合作伙伴——非政府组织》（1999）、《共同工作——世界银行是公民社会的合作伙伴》（2000年）等，世界银行还给国际非政府组织下了一个定义："国际非政府组织是指从各种各样的来源筹集各类资金的慈善性组织，包括普通大众，用以支持发展中国家的项目，有时他们是关注健康、农业、紧急、救援、环境、教育、社区发展、小型贷款或者地区金融的专业机构。"[1] 美国税法第501条的26个条款规定了各类免费的组织，凡是符合哪些条款的组织就可定义为非营利性组织（NPO）。由此可以看出，世界银行对非政府组织的内涵界定主要集中于其慈善性，内容上较为关注实际发展状况下的项目运作及成效，不仅仅是听取非政府组织的咨询意见，这是非政府组织发挥作用的具体体现。

改革开放以来，随着市场经济的深入发展，一个开放社会逐步形成。从前市场经济环境下的政府单一管控无法适应开放社会的挑战，政府必须被动地放权，释放出新的空间逐步显现的特点，这些共有的空间及要素经由学者复古式的反思，或从西方哲学家那里获

---

[1] 李雪：《国内外非政府组织理论研究综述》，天涯社区，ttp://bbs.tianya.cn/post-666-34443-1.shtml，2015.01.06。

得启迪，或经由对我国宋代以来资本主义元素增量情况下的封建社会的商会，尤其是对民国时期商会自治性的赞许和欣赏，借用西方市民社会理论话语来概括我国这个现代化演进中产生的全新的社会空间，以此作为理论分析范式，来解释和回应社会空间的内涵及规律。当然，我国学者并非凌空移植西方的市民社会理论，无论是被标注为自由主义标签抑或是被划定至保守主义的阵营，有的秉持市民社会的理论范式，有的则力挺公民社会的概念分析功能，凡此种种，但其共同点是只要论及公民社会就不得不与我国的实际相联。换言之，凡是国内学者在讨论公民社会时已经具有中国性格了，非政府组织成为日益独立的社会组成要素。[①] 王名认为"非政府组织是独立于政府体系之外的具有一定程度公共性质并承担一定公共职能的社会组织"[②]。这一概念旨在强调非政府组织的非政府性，相应的在定位其职能时关注于承担政府释放出来的公共职能。徐崇温则是从非营利组织视角给非政府组织下的定义"非营利组织是指在政府部门和以营利为目的的企业（即市场部门）之外的，以非盈利为目的的、从事公益事业的一切志愿团体、社会组织或民间协会"[③]。马庆钰认为"非政府组织或者民间非营利组织是指依法建立的，相对独立于政党和国家政府系统，以社会成员的自愿参与、自我组织、自主管理为基础，以社会公益活动或者互益活动为主旨的非营利性、非政治性、非宗教性的一类组织"[④]。李建伟从狭义和广义两个角度理解非政府组织："广义的非政府组织即第三部门，'一般是指政府和企业之外的民间组织总和'。狭义的非政府组织即官方关

[①] 张海夫：《非政府组织在社会治理现代化中的作用初探》，载《学术探索》2016年第2期。
[②] 王名、刘求实：《中国非政府组织发展的制度分析》，载《中国非营利评论》2007年第1期。
[③] 徐崇温：《对非政府组织概念和性质的再思考》，载《天津行政学院学报》2007年第4期。
[④] 马庆钰：《非营利组织的界定、历史和理论》，载《中国党政干部论坛》2006年第5期。

于民间组织的界定,包括社会团体、民办非企业单位和基金会三类合法组织。"① 由上可以看出,无论是采用非政府组织还是非营利性组织抑或是第三部门等不同表述方式,非政府组织的本质方面无显著差异,只是由于学理上的概念不统一,实践中导致非政府组织的价值取向也有一定的差别,因此,本文以法社会学视野,使用非政府组织概念。根据上述分析,结合非政府组织最近在治理中发挥的作用及其本身的功能定位,非政府组织的定义应当从内涵、外延、职能及特性四个方面进行界定为宜。据此,可以给非政府组织定义如下:非政府组织是指由非政府性质之外的多样主体独立设立,旨在实现公益目标,承担非营利性的社会服务和提供公共服务职能,并具有与自身发展相适应的内部结构和运行机制的合法性组织。这里的合法性指道义合法性和合乎现行法律规范等方面,包括登记和没有登记但是具有价值和道义的正义性之组织,属于广义概念范畴。

二 非政府组织的类型

目前,国内关于非政府组织概念理解与使用的多样性已经得到上述分析的印证,其实这一概念的复杂性还远不止于此,就名称而言,除了非政府组织、非营利性组织、第三部门、社会组织之外,还有公益组织、慈善组织、民间组织、公民社会、草根组织、山寨组织、离岸组织、志愿者组织等,译文简称看有"NGO""NPO"等之分。不仅非政府组织概念众多,而且涉及的领域也十分宽广,这样就给非政府组织的分类带来一定难度。

联合国依据产业体系分类国际标准将非政府组织分为3大类15个小类。一是健康和社会服务类,包括医疗健康、动物医疗和社会服务工作等;二是教育、培训类,包括各级各类教育机构和能力提

---

① 李建伟:《多民族地区非政府组织发展研究——以甘肃省民族自治地区为例》,西北师范大学硕士论文,2010年。

升培训机构等；三是社区和个人服务类。包括环保、生态、各类协会、行会、社团、运动与休闲等。① 目前，国际上比较流行的普遍分类方法是美国约翰·霍普斯金大学非营利性组织比较研究中心的分类体系，共有12个大类和24个小类。② 这些分类覆盖面广，涉及领域多，不同类型的社会职能也有差异。目前，对非政府组织类型理解出现泛化趋势。主要表现在几个方面：一是将承担教育职能的各级各类机构都纳入到非政府组织与现实理解和实践差距较大；二是将医疗机构归属为非政府组织并没有形成可信度的共识；三是宗教团体和带有权利性质的准政治组织纳入非政府组织的范畴，也与非政府组织的价值理念和属性不太相符。鉴于此，应当根据本国实践，在准确反映非政府组织性质和功能的基础上，进行分类较为恰当。

从法定角度看，我国非政府组织分为三类，一是社会团体，登记部门归口于民政部门，主要包括协会、学会、联谊会、商会、联合会、促进会等；二是民办非企业单位，主要包括各类民办教育机构、医院、福利院、能力培训中心、文化馆等；三是基金会，主要包括各类基金会和慈善机构等。从管理角度看，还包括一些草根社会组织，主要包括因民政部门登记门槛高转而在工商机关登记的社会型组织、挂靠在单位的组织和没有登记的非政府组织。国际视野看，也包括一些离岸社团和山寨组织（从国家社会组织管理局定期发布的离岸社团和山寨社团的名单看，政府层面将这两类社团定位为不合法的社团）。从社会组织与官方的联系程度看，包括一些免

---

① 张志刚：《非政府组织文化建设》，人民出版社2012年版，第5页。
② 同上书，第6页。种类：第一，文化与休闲：文化与艺术、休闲、服务性俱乐部等；第二，环保：环境保护、动物保护、原野保护；第三，卫生健康：疾病诊疗、精神卫生与精神危机防控、其他保健；第四，教育与科研：各级各类教育机构、民间能力及终身教育教育机构、各类科研机构等；第五，住房与社会事业：经济社会发展、社区服务、就业培训与指导等；第六，维权：法律服务、维护权利等组织；第七，社会服务：社会救助、社会紧急救援等；第八，慈善组织与志愿行动；第九，各类商会、协会行会等；第十，宗教团体及活动等；第十一，国际性非政府组织：跨国基金会等；第十二，其他组织。

于登记的人民团体，主要包括各级工青妇组织。从外延看，包括国内本土的非政府组织和境外非政府组织在国内的分支组织。

三 非政府组织的数量

随着政府职能转变和社会开放程度加深，非政府组织的数量不断增加。因官方统计是以社会组织为准，而社会组织也包括了一些由官方出资设立的组织，比如各级法学会即是如此，还有个别省份将建材协会、机电协会定位为准事业单位，这些数据的统计又都归属民政，因此，我们在考虑非政府组织的数量时，很难非常准确地按照上述非政府组织的定义进行数量界定，只能根据现有公开信息进行量研。就全国范围而言，登记的社会组织的总数量为：截至2015年年底，全国共有社会组织66.2万个，比2014年增长9.2%；共有社会团体32.9万个，比2014年增长6.1%。其中工商服务业类3.7万个，科技研究类1.7万个，教育类1万个，卫生类1万个，社会服务类4.8万个，文化类3.3万个，体育类2.3万个，生态环境类0.7万个，法律类0.3万个，宗教类0.5万个，农业及农村发展类6.2万个，职业及从业组织类2.1万个，其他5.3万个。共有各类基金会4784个，比2014年增加667个，增长16.2%，其中公募基金会1548个，非公募基金会3198个；民政部登记的基金会202个、涉外基金会9个、境外基金会代表机构29个。公募基金会和非公募基金会共接收社会各界捐赠439.3亿元。共有民办非企业单位32.9万个，比上年增长12.7%。其中科技服务类1.6万个，生态环境类433个，教育类18.3万个，卫生类2.4万个，社会服务类4.9万个，文化类1.7万个，体育类1.4万个，商务服务类3355个，宗教类114个，国际及其他涉外组织类7个，其他1.9万个[1]。这些社会组织（非政府组织）在提供社会服务的过程中也有部分社

---

[1] 数据来源：2015年社会事业发展服务统计公报，民政部网站，www.mca.gov.cn/article2016.07.11.14：07。

会组织违反法律规定遭到取缔或处罚,受处罚的占比很小,全年共查处社会组织违法违规案件2951起,其中取缔非法社会组织23起,行政处罚2928起。①社区社会组织的蓬勃发展是非政府组织的一大亮点,截至2015年年底,全国共有各类社区服务机构和设施36.1万个,覆盖率52.9%。其中,社区服务指导中心863个,社区服务中心2.4万个,比上年增长4.3%,社区服务站12.8万个,比上年增长6.7%;社区养老服务机构和设施2.6万个,比上年增长36.8%,互助型的养老设施6.2万个,比上年增长55%;其他社区服务设施12.0万个,比上年增长12.1%。城镇便民、利民服务网点24.9万个。社区志愿服务组织9.6万个②。

因本书系对多民族地区非政府组织的研究,而民族地区如西部的新疆、西藏、青海、甘肃、宁夏、云南等地的情况有各自明显的特点,差异性较大,各个地方的社会治理状况有异,非政府组织发展的条件也不尽相同,数量有别。全部考察的难度较大,因此,选择云南这个民族多样、边境线长、文化多样、民族和谐共处的省份作为分析对象。鉴于不同时期的非政府组织的数量、功能、作用也有显著差异,因此,考察非政府组织的发展以动态的阶段性跃升路径为宜。云南是非政府组织最为活跃的地区之一,无论是数量还是项目运行都是非常突出的。近年云南非政府组织的数量增长较快。"截至2012年12月31日,省级非政府组织为1044个(根据民政部非政府组织分类标准,科技与研究类318个、生态环境类13个、教育类144个、卫生类36个、社会服务类51个、文化类61个、体育类34个、法律类3个、工商业服务类173个、宗教类8个、农业及农村发展类8个、职业及从业者组织类45个、其他类150个),

---

① 数据来源:2015年社会事业发展服务统计公报,民政部网站,www.mca.gov.cn/2016.07.11.14:07。
② 数据来源:2015年社会事业发展服务统计公报,民政部网站,www.mca.gov.cn/2016.07.11.14:07。

其中社团社会团体780个、社会服务机构216个、基金会48个，非政府组织年增长率为4.8%，2012年非政府组织登记工作行政审批197件。近三年，全省非政府组织登记工作发展良好，非政府组织总数已达15603个。其中，社会团体10845个，社会服务机构4710个，基金会48个。非政府组织总数和社团、社会服务机构、基金会数量在2007年基础上年均增长率分别为9.4%和7.5%、14.8%、15.1%。目前，全省每万人拥有非政府组织数为3.39个，接近全国平均水平，在西部省区仅次于四川省，较2010年的2.75个/万人增幅明显。"[1] 这些数字表明，非政府组织的发展已经进入跃升的良性阶段。此外，云南还有"未注册的自发草根公益团体更是不计其数，社会工作从业人员已呈高速发展态势"[2]。正因为如此，云南省政协委员、云南省青少年发展基金会理事长沈光鑫建议，"在政协委员中增设社会组织界别"[3]。

云南非政府组织还有另外一大特点，即境外非政府组织众多，被誉为"NGO的摇篮"。仅备案的就包括"美国大自然保护协会云南办事处、香港乐施会昆明办公室、国际奥比斯项目公司（美国）昆明代表处、中加心脏健康检查（美国）云南代表处、国际专业服务机构有限公司（香港）云南代表处、无国界卫生组织（英国）云南代表处、互满爱人与人国际运动联合会（瑞士）云南办公室、微笑行动中国基金有限公司（香港）云南办事处、苗圃行动（香港）云南项目办事处、英国海外志愿服务社（在滇暂无代表机构）、世界少数民族语文研究院（美国）云南代表处、福华国际（美国）云南项目办公室、救世军港澳军区云南项目办事处、伍集成文化教育基金有限公司（香港）昆明办事处、美国家庭健康国际

---

[1] 数据来源：云南省民政厅网站［EB/OL］. http://yunnan.mca.gov.cn/2014.09.17。
[2] 张文凌（记者）：《云南政协委员建议在政协增设"草根组织"界别》，人民网，2014年2月20日8∶17。
[3] 张文凌（记者）：《云南政协委员建议在政协增设"草根组织"界别》，人民网，2014年2月20日8∶17。

昆明办公室、中华仁人家园协会有限公司（香港）云南代表处、法国发起发展组织昆明办公室、世界宣明会基金有限公司（香港）云南办事处、希望之侣机构（美国）昆明办事处、瑞尔保护协会（美国）云南办公室、国际施达有限公司（香港）昆明办事处、弗雷德·霍洛基金会（澳大利亚）昆明代表处、三山机构（荷兰）云南办事处、协同福利及教育基金（香港）云南办事处、国际计划（美国）昆明办公室、传仁基金会（美国）云南办事处、国际爱护动物基金会（美国）云南办公室、晨星基金会有限公司（香港）云南代表处、寰宇希望有限公司（香港）云南办事处、香港建华基金会有限公司云南办事处、利玛窦社会服务基金会（澳门）昆明办事处、儿童医健基金会有限公司（香港）昆明办公室、社区伙伴（香港）云南办事处、北美贸易促进委员会（美国）云南代表处、培志教育协会（台湾）云南办事处、国际行动援助（荷兰）云南办公室、微笑行动组织（美国）云南办事处等37家"[1]。最近几年在云南存在的备案境外非政府组织大致就这些种类，数量基本维持在40家左右，有的网站在21世纪初认为在云南的非政府组织达200多家。当然，按照目前非政府组织的活动现状看，一些离岸社会组织和山寨社会组织是不可避免存在着的，政府的监管毕竟有限，这些组织不在统计范围之内。从量的角度看，非政府组织的数量变化与公民社会的扩展和政府职能转变呈现正相关性，境外非政府组织的数量有消长的波动，有些境外非政府组织转移出云南，有些走进云南。2016年9月出台的《境外非政府组织境内活动管理法》对境外非政府组织的数量影响有待观察。而国内本土非政府组织的数量呈现持续性的增长态势，各类非政府组织都有量的增长，特别是在2015年年初生效的财政部等部门关于政府购买非政府组织的办法以后，承接政府部分社会管理职能的非政府组织生产较

---

[1] 截至2016年3月；数据来源：云南省民政厅网站，http://yunnan.mca.gov.cn/2016.03.12。

快，增量较大。但是，数量空间区域分布较散、细、碎，急需整体功能不断优化性非政府组织。

第二节　非政府组织的功能、属性

一　非政府组织的功能

"功能"是与一个存在的组织内部结构及其生产环境和作用密切相连的，在学理的独立性或自主性分野的解释路径下，依据的是非政府组织的结构性和能动性解释模式而来的[①]，国内很多研究者在关涉非政府组织的功能时往往是移植国外理论直接赋予非政府组织的应有功能，或者直接赋予非政府组织若干功能。实际上，对非政府组织的功能解读和阐释，应解决两个基本前提：第一，非政府组织在国家权力结构中（亦有学者认为在社会结构中）处于什么地位，换言之，就是非政府组织在外部复杂制度性之网中有多大的独立性；第二，非政府组织在现有的社会结构中到底有着怎样的行动自主性问题。宏观上讲，第一个方面涉及我国现在制度的设计，也就是现有制度在调整政府职能时，赋予非政府组织多少可以承担的公共服务性功能；第二个方面则是非政府组织在微观具体实践上的作为自由度，只要政府不禁止而社会又有需求的微观领域非政府组织都可以以适当的方式去做。这两方面之间似乎存着在一个有待衔接的空间地带，如何解决这个问题，是非政府组织进一步发展应当发挥相应的职能来进行填补。这里论及的非政府组织功能既注意到结构性特征意义下的功能，又着眼于能动性视角下的非政府组织的作用，取综合性作用为宜。同时，对非政府组织的功能界定，建立在经验概括和理论综合的基础之上。

第一，弥补政府职能和市场职能不足与裂痕。政府职能正处于

[①] 王诗宗、宋程成：《独立抑或自主：中国社会组织特征问题重思》，载《中国社会科学》2013年第5期。

深刻调整之中，政府职能部门的公共权力不断调适，一些不应该或政府管理不好的领域转移出来，政府职能的转变已经逐步以增量式的方式列出明细清单，即权力清单和责任清单，以清单式的释权来推动社会治理现代化。政府转移给社会的管理职能，因市场主体的经济性而无法承接，只有由大量的社会组织来承担，社会组织自身的公益性、非营利性的独立与自主双重属性来弥补政府与市场之间的空间地带。

第二，承接公共服务的职能。非政府组织承接公共服务职能已经进入普遍性操作过程，操作方式以政府购买社会服务的方式为主。目前，全国各地都在一定范围内以推行政府购买社会服务的方式创新社会治理模式。2015年1月1日，实施的《关于政府购买社会服务管理办法（暂行）》规定了非政府组织购买社会服务的条件和购买内容及指导性目录。主体条件的规定也是对非政府组织建设的适格性基本要求，对非政府组织的自身建设和外部条件做了原则性规定，为非政府组织建设规范了方向和框架。而购买的内容实际上是非政府组织可以承接社会公共服务事项，共有六个方面[1]，明确了非政府组织可以承担的社会职能。建构多元共治社会的功能。现代社会治理的显著特征是多元共治，多元共治是社会发展的必然

---

[1] 这六个方面为：（一）基本公共服务。公共教育、劳动就业、人才服务、社会保险、社会救助、养老服务、儿童福利服务、残疾人服务、优抚安置、医疗卫生、人口和计划生育、住房保障、公共文化、公共体育、公共安全、公共交通运输、三农服务、环境治理、城市维护等领域适宜由社会力量承担的服务事项；（二）社会管理性服务。社区建设、社会组织建设与管理、社会工作服务、法律援助、扶贫济困、防灾救灾、人民调解、社区矫正、流动人口管理、安置帮教、志愿服务运营管理、公共公益宣传等领域适宜由社会力量承担的服务事项；（三）行业管理与协调性服务。行业职业资格和水平测试管理、行业规范、行业投诉等领域适宜由社会力量承担的服务事项；（四）技术性服务。科研和技术推广、行业规划、行业调查、行业统计分析、检验检疫检测、监测服务、会计审计服务等领域适宜由社会力量承担的服务事项。（五）政府履职所需辅助性事项。法律服务、课题研究、政策（立法）调研草拟论证、战略和政策研究、综合性规划编制、标准评价指标制订、社会调查、会议经贸活动和展览服务、监督检查、评估、绩效评价、工程服务、项目评审、财务审计、咨询、技术业务培训、信息化建设与管理、后勤管理等领域中适宜由社会力量承担的服务事项；（六）其他适宜由社会力量承担的服务事项。

趋势。改革开放的深入推进，国家、市场和社会三大领域相互独立性日益明显，尽管还没有形成完全相互独立与制衡的生态关系，但是，市场特别是社会组织体系随着外部制度环境的逐步改善其独立性和功能发挥日益显著。现代社会是一个越来越复杂的系统，各种力量相互角逐，各种利益相互勾连，各类风险相互交织，不同诉求集中爆发等，信息开放、要素开放、人员流动等大大增强，单靠政府及市场企业难以应对，因此，非政府组织理应承担大量社会治理功能，非政府组织与政府、企业、公民个人构成共治的四大主体力量，在相互补充与制衡中形成互相联系的关系整体推动着社会治理不断走向现代化。

第三，社会情绪的吸收器和消化器。非政府组织的内部组织结构为其在风险感知、情绪消化、利益维护方面提供了信度指数，它不同于处在外在复杂制度性强势条件下的其他体制内组织，在利益表达、协调和实现方面非政府组织与非政府组织内的成员有着共同的价值一致性。现实中，涉及人数较众的社会利益表达事件，如果没有合理的消化、吸纳渠道，人们的负面情绪会转化为风险事件。而非政府组织，尤其是不带官办色彩的公民、其他非官办组织的自愿联合，在成员内部具有较高的认同，第一时间对公民个人或群体的风险感知最为直接和及时，一旦成员自身利益遭受侵犯，在诉求不畅的情况下，其怨恨、愤懑、不满甚至报复的情绪就会大大增长，此时，非政府组织介入，就在很大程度上能够以利益代言人的角色被成员接受。

总之，现阶段，无论是结构性导出的功能还是能动性展现的具体行动作用，本质上讲，非政府组的功能是其组织性对外在复杂制度的能动回应，是对政府制度创设和变革的应答，也是社会多重力量博弈过程中产生的利益表达和诉求维护的客观需要，是在正向催生和反向压力下艰难求生过程不断发展起来的，具有结构性和能动性统一的综合功能。

非政府组织到底在社会治理起什么作用，是本书研究的关键点。数量的增长优势和趋势当然能说明非政府组织有其存在的现实必然性，这只是侧面推导而已。通过对云南境外非政府组织面上和点对点调研，发现境外非政府组织的作用都是通过具体的项目实施来完成的，受惠人群虽然有一定限度，但毕竟给受惠对象带来发展中的利益增长，减少了地方民族地区的部分民众因民生问题而产生的不满情绪。就境外非政府组织的作用和功能而言，通过事实考证可窥一斑。2015年6月末，云南省外办公布的NGO项目备案表反映了NGO在教育、健康、民生、能力提升、生态优化等领域的项目运行基本事实与态势。下面以项目作用分类分析之。2015年云南省外办备案的NGO项目（包括及时更新后的项目在内）共计199项，项目周期均在2015—2017年内完成。这181个项目涉及的非政府组织共计有44家。具体情况见附录一。

为了分析非政府组织的功能，较为详细全面梳理了2015—2017年云南省境外非政府组织承担的项目情况。本书不是专门研究境外非政府组织相关经验与理论，之所以进行全面的梳理，其目的在于通过实证的研究，探究非政府组织在云南经济社会发展中起的作用，虽然表面上看与当地治理活动没有直接联系，但是，这些非政府组织所提供的经济社会发展功能，在一定程度上为社会稳定铺设了正向环境和奠定治理基础及信任程度。从上述资料看，境外非政府组织在云南的活动依然十分活跃，其足迹基本上覆盖了云南所有地州县，尤其以怒江州、大理州、迪庆州、丽江市、临沧市、昆明和文山富宁县分布最多；实施项目最多的为香港施乐会、世界宣明会、香港社区伙伴合作、香港协同福利及教育基金会、信望爱慈善基金、港澳救世军、香港慈恩基金会、美国传仁基金会、互满爱人与人国际基金会、香港基督教协进会、澳门利玛窦社会服务、香港健行杏社社会服务等非政府组织；项目内容包括青少年特别是中小学生的教育能力（流动儿童及青少年社区干预）提升、预防妇女儿童被拐卖、少数民族生产创收、社区发展、蔬菜大棚建设、中学生助学金（贫苦生学业支助）、农村社会发展、社区居民健康营养、幼儿教育、村民传统文化和生态保护、多元农耕价值和社区经济探索实践、昆明本土精神凝练、少数民族社区故事搜集和社区教育、生物多样性保护之本土精神提炼、农村人畜饮水工程、健康教育促进、小学图书馆藏书、少数民族文化保护和学生完成学业项目、艾滋病防御及艾滋病人结核及耐多药结核的预防和关怀（受艾滋病影响人群的社会组织能力建设）、博爱家园项目、绿色信贷倡导项目、社区主导型发展和参与式扶贫管理机制创新（综合扶贫发展）、公益组织发展和社会工作专业能力建设项目、流动人口聚居区综合发展、村寨砂石路建设、留住乡村建设、旱灾送水、新建扩建改建（添置设施）幼儿园、完小和中学、残疾人康复救助（包括马蹄内翻足矫正教育）、小学日常开支及教师工资支助、无烟草青少年教育、微笑行动（与医院合作治疗兔嘴病）、基督教社会事务管理、捐赠计算机、捐建垃圾场、建设村公共活动场、新生儿救助综合项目、农民专业合作社建设等。内容涉及教育、社区发展、助学、饮水、残疾、艾滋病防御（宣传禁毒）、教学楼、学生宿舍、食堂、图书等设施设备建设，十分广泛，都是涉及与基层社区、居民、学生、残疾人、新生儿、老人、特殊病人等息息相关的、最热切的民生问题，都是直接关注具体事和具体个人及明确的社区群体，受益对象都是社会最基层的民众，都是关涉这些人的生活急需和最迫切需要解决的问题，很细、很具体、很实在，也是政府无法全面顾及和管理的社会事务。让受众人群真切感受到了尊重和关心，老百姓获得的是实实在在的利益增长和困难破解，虽然没有精确研究表明境外非政府组织与治理之间的量化关联，一些治理事件面前受益民众到底因境外非政府组织的支助而消解多少对抗情绪和行为没有确证的案例，但是，一个不争的事实是，客观上能够增加其心理上的认同感，一定程度上减少了因处于困境和利益难以保障境地的怨言和不满情绪。这其中也有直接进行维护妇女权益的行动，比如，香港施乐会与昆明市五华区明心社会工作服务中心合作防治家庭暴力、维护妇女权益的系列活动，属于直接维权性质的。但是，总体而言，境外非政府组织涉及直接维权的少之又少。

同时，从境外非政府组织项目实施的运行机制看，所有在云南基层服务的境外非政府组织的项目落地均选择与云南本土的非政府组织合作方可为之。上述资料中涉及的云南本土非政府组织包括不同级次的青少年发展中心、妇女儿童发展中心、心连心社区照顾服务中心、协力公益支持中心、五华区益心青少年事务社会工作服务中心、五华区明心社会服务工作服务中心、国际民间组织合作促进会、省海外交流协会、西山区健康关爱促进会、云南省海峡两岸交流促进会、教育学会、自然保护区社区公管协会、腾冲县珍稀动植物保护协会、云南省香格里拉研究会、昆明环保科普协会、少数民族新闻工作者协会等非政府组织。此外，还有村委会、学校等机构直接点对点的合作运行。总的来看，基本上是境外非政府组织与本土非政府组织之间的对接、沟通与统筹实施，一定程度上体现了自愿性、公共性、非政府性的价值共识，也减弱了政府的具体干预问题。当然这些项目都要符合政府意愿内的价值目标，不能与政府希望的项目目标相悖，很少涉及当地居民直接的维权事宜。众所周知，经济社会民生保障是社会稳定的基石，没有经济社会民生保障，社会稳定的基础就不复存在，缺乏利益保障则社会矛盾迟早会以不同的方式表现出来。就这一点而言，境外非政府组织的积极作用对社会稳定有着非常正向的价值和功能，应该积极鼓励、支持境外非政府组织与本土非政府组织之间的密切合作，共生性地推动着社会经济朝着持续、稳定的状态前行。

以上是境外非政府组织的发展在客观上对社会治理起的正向作用，作为本书的一个重要方面还要必须深入分析、阐述本土非政府组织在治理中的作用。由于本土非政府组织的数量庞杂、层次琐碎、分布较散、功能作用差异很大、自身建设能力多样化十分突出，再加之外部制度供给碎片化等因素，把握本土非政府组织的功能作用就显得更加艰难。通常视野中观察到的或者笔者在农村、社区、有关协会、服务中心及省直相关管理机构调研所了解到的情况基本上是常见性的功能作用。社会接济、扶弱济贫、儿童教育、孤寡老人生活照料、社区矫正、心理健康辅导、残疾人关爱等，这些都是日常性的、带有传统互助共济的思想在现实中的表现。随着社会治理治理现代化进程不断加快，面对国家与社会、市场关系重构的大背景，社会结构变化深刻，社会利益多元而分化，外部利益和居民自身利益的实现之间产生的不确定性风险不断加大，政府面临的治理困境越来越多，为此，就必须在复杂多变的形势下有充分的行动选择与政策谋略。从非政府组织承担的社会风险防控职责来看，是通过政府部门事先预测筛选好的重点领域，然后确定非政府组织的类型，进而对这类组织加以培养。比如像涉及领域广泛、涉及人员众多、有关民生的服务性组织（协会）等往往成为风险责任的直接化解者。现有的经验案例如重庆出租汽车协会在与滴滴出行、打车软件等新生的出租领域之间的利益冲突过程中代表出租车司机以理性的方式进行利益表达，既有效预防了出租车司机集体罢运带来的社会稳定风险，又较好地维护了司机个人的权益。又如，云南宜良县在基层治理中坚持群众路线和群众观点，发动社区居民自愿加入志愿者服务队，成为网格化治理的网格员，在风险信息掌握与上传下达、风险事件预防等方面起到积极作用。[1] 还有一些社区活动类型的非政府组织能够发挥自身优势，召集社区居民定期参加兴趣活动，让社区居民将赋予的精力放在兴趣发展、健康活动、互助帮扶等活动中，避免无所事事及社会上的诱惑带来的行为可能偏离，同时，在社区组织学习中获取有益的知识与最新信息，正确

---

[1] 来源：云南省宜良县长安网，http：//ylzfw.km.gov.cn/2016.12.16.13：00。

了解国家基本方针，把握政策大的走向，为防止部分人群在利益诱惑面前能够理性判断是非，预防掉入险境。此外，这些基层非政府组织在应对涉及自身利益的集体性同盟时会出现同盟坚守的内部封闭性，针对这种情况，当然需要发挥社区非政府组织的效益外溢作用，将非政府组织之间的壁垒打破，形成互嵌格局。

二 非政府组织成长的社会环境

广义的社会环境包括政治经济、文化、社会结构、生态等各个方面的变迁和互嵌发展。狭义的社会环境指社会与国家、市场之间相互关联的过程中，自身结构的演变综合。本书取狭义之意。当然，在分析过程中，本书注重系统性阐述社会和实体性社会的理论演变困境，适当选择一些诸如国家、政党、宗教组织、经济组织与侠义社会组织要素互嵌的事实展开论述。开放社会进程中的非政府组织发展经历的阶段，非政府组织在这些阶段进程中的演进动力来自社会各种要素之间的互动博弈。

改革开放之始自20世纪80年代末为第一阶段，此时政府管控较为严格，从公民社会的国家—社会（市场为社会构成要素）二分法这一结构性经典传统理论视域进行分析，不难发现这个阶段上的社会独立性和自主性不断增强，但总体上，发展环境还是举步维艰，"中国在社会转型初期，国家主义和单位制的影响很广很深，'草根组织的成长可谓步履维艰'"[1]，不仅缺少外在的制度安排，而且非政府组织的内生力不足，发展方向迷茫，都是在小心翼翼地冒险前行，在政府权力收与放的交错消长中求生与提供服务，对非政府组织的认知还处朦胧状态，那个时期非政府组织这一概念还是敏感词。此外，在改革开放的初期，整个社会总是以一种新生的力量冲破原有制度的张力，社会发展中也出现了几次大的社会震荡，

---

[1] 崔月琴、沙艳：《社会组织的发育路径及其治理结构转型》，载《新华文摘》2016年第2期。

社会秩序遭受来自不同领域的犯罪活动的冲击，几次严打即是例证，在其中很难看到非政府组织在化解社会犯罪方面的身影和作用。20世纪80年代中期有一次结社高潮，此后暗落。整个来看，人们似乎没有更多的心思放在依托社会组织的力量获取利益和捍卫权利上，而是通过个人化的原子运动尽已所能闯荡商海，社会生活对非政府组织的需求并不强烈，民间结社不十分活跃。此时的非政府组织还处于启蒙期，改革开放的先进精神总是遭受来自传统保守势力的挑战与责难，非政府组织对社会开放性的推动作用十分有限，非政府组织主要表现为一些学术团体或由官方机构转化而来的工、青、妇组织以及各类准官方的协会。"从20世纪80年代以来，自上而下形成的大量的官方社团，是在中国从总体性社会的单位体制向国家、市场、社会多元体制的发展中形成的。"[①]

整个20世纪90年代是非政府组织推动社会开放的第二个阶段，90年代初国内学者对非政府组织的研究才逐渐趋于活跃，其时公民社会中的非政府组织作为分析范畴和事实范畴开始被学者广泛研究。这个时期中国社会经历了剧烈的社会结构调整。社会主义市场经济体制的确立为各类市场主体的蓬勃发展提供了制度动力，期间多种所有制经济形式发展迅猛，数量增速快、分布广、领域宽，非公经济往往以一种非正式的制度实践应对、消化、内转来自政府部门的各种监管制度，日益形成一个与国家、社会不同的独特领域，即市场经济领域。十分庞大的非公经济在与国家的相互博弈中压缩、调整着国家政策，其中包括非公经济自身需要社会的方方面面服务，同时，政府在市场经济大潮中也在主动或被迫转换职能，收缩管理空间，于是在各种内部和外部力量综合作用下，一个与国家、市场不同的领域逐渐形成，社会变迁的复杂化多样化推动着社会需求的多样性增加，原先以行政化治理为主导的官方社团难

[①] 崔月琴、沙艳：《社会组织的发育路径及其治理结构转型》，载《新华文摘》2016年第2期。

以满足现代社会转型的需要，大量民间性的非政府组织不断生成。伴随着经济和社会空间的日益扩大，国家在制度层面对此作出回应和调整，以更好地监管和适应来自下面的非政府组织的兴起，当时法律进行的一系列修改就反映了这种趋势。90年代中期进行的现代企业制度改革，国有企业"抓大放小"的改革催生了一大批多种经济形式，这些经济主体的经营行为带来的社会活跃性和社会流动大大超过以前，大量非体制内的从业人员被吸收到这些企业当中，大量企业需要的社会服务增多。市场具有盲目性，企业主体的行动选择出现失灵状态，这些都推动着社会服务机构的产生。整个90年代还有一个更为显著的社会特征就是大规模的人口流动和季节性迁徙，数以亿计的人口涌向城镇，形成新的社会群域，新的日常生活秩序需要更多、更广、更宽的社会服务，政府显然对此力不从心，因此，大量的草根组织应运而生。这时期还有一个惹眼的现象，就是90年代全民气功热，各种气功热闹非凡，大大小小的团体、门派，活跃在公园、广场、学校、机关、单位等，渗透甚深，也出现一些伪气功这些今天称为耦合组织的团体，甚至部分发展为邪门宗教团体，同时夹杂着一些兴趣团体，表明这一时期社会多元、多样要素且错综复杂的交织在一起。1994年，中央还下达了《关于加强科学普及工作的若干意见》，以正式制度的方式矫正了社会自主的偏离，取而代之的是鼓励支持各类兴趣耦合组织和协会。

2000—2012年的长达13年的时间为第三个发展阶段，非政府组织的数量、种类、功能、作用等都有长足的发展，境外非政府组织、国内非政府组织数量大幅增长，正式备案登记的和草根型非政府组织并存，伴随着社会转型对政府职能转变，社会改革不断深入，实行政事、政企、政社分开、法制环境趋好以及社会、各种矛盾和问题的倒逼，非政府组织生长和发展的空间趋好。非政府组织的作用逐步显现，承担着政府无法承担的社会发展职责和任务。就云南而言，非政府组织发展的空间环境日益优化，不但数量稳步增长，职能、作用也发生着良性变化。这一时期云南相继出台了境外非政府组织管理规范、省内非政府组织评估办法、非政府组织培训办法等措施，政府颁布了政府购买社会服务的试行办法等，表示非政府组织的生态建设环境初步形成。随着非政府组织数量的增长，其功能价值也不断丰富。"很多非政府组织以社会弱势群体或边缘群体为服务对象，它能在'留给精英'的政府与'留给富人'的市场之外，增进社会福利，促进社会公平。非政府组织的活动能有效地促进民主，塑造参与型的公民文化。"[1]

2013年年初至今为第四个阶段，以十八届三中全会为标志，非政府组织在社会治理体制创新的战略体系中，获得了前所未有的发展良机，从法治发展进程看，非政府组织被上升为善治的多元主体之一。其新的使命是如何真正让非政府组织成为社会治理创新的主体，如何让非政府组织承接政府释放的公共服务项目，如何健康成长以真正承担社会事业管理的功能和作用。需要说明的是，作为学术研究对象的非政府组织具有清晰的品性、功能、作用之边界，在与政府博弈中具有不可替代的品格。实际上在现实中，特别在政府规划中使用的是社会组织概念。社会组织概念更多的是中性的提法，各方均能接受，而非政府组织的概念本身有消解其独立自治之嫌，因此，从长远看，这两个概念应当融合。这一发展阶段的基本事实与趋势是，非政府组织在社会治理现代化中担当的角色，是在公共政治领域和公共社会领域以及私人领域三者之间良性互动过程中的作用体现。既避免政府的过度政治输出，又积极参与输入性政治合法性进程，成为社会发展的优质动力主体。哈贝马斯对现代国家进行了分析："目前西方国家政府政治输出的'行政合理性'正在趋于取代政治输入的'政治合法性'。日益扩张的行政权力由于

---

[1] 王华：《治理中的伙伴关系：政府与非政府组织间的合作》，载《云南社会科学》2003年第3期。

对西方社会价值体认领域的侵入而造成了'生活世界的行政殖民化'。"① 避免政治合法性危机、优化社会治理的基本途径之一，就是培养和发挥多元主体参与治理的作用。境内外非政府组织的成长与发展得益于社会结构的转型和社会治理方式的创新。随着市场经济的深入发展和治理方式的转变，我国社会逐渐形成一个不争的公共空间，特别是在"双微"背景下，公共领域移动平台的深入拓展为非政府组织的发展注入新的动力。未来非政府组织的走向应该朝着如何营造公平、公正、宽容、合理的公共空间，而不是专注于私人领域，政府引导的方向在于发挥其公共职能，不是向着反向的方向发展。在人的解放方面发挥积极作用，就女权而言，正如谢江平指出："走向公共领域而废除资本控制下的私人领域。"②

三 现代性社会变迁"断裂"下的非政府组织的性质

改革开放后的中国社会获得了越来越大的独立行动空间，但同时也呈现出各种社会要素，包括正式制度内的和非正式制度内的各类政治、经济、社会和文化要素日益频繁互动、交融，复杂而多变，现代性社会表征的理性设计和控制，不断遭到来自多元社会力量的冲击与抗争，这与现代性社会倾向于追求一个彻底规划的理性世界之目标并非完全一致。深入把握非政府组织的特质，必须从这个现代性社会变迁的基本事实和制度张力去理解和透析。也就是说，把非政府组织的发展状况放在现行社会结构变迁过程中分析，特别是通过考察现代性社会变迁过程中的诸多断裂并以此为参量来分析非政府组织的发展才能进行有意义的微观解剖。

无论是理论抑或是现实，要想准确将现代性与社会变迁精

---

① [德]哈贝马斯：《合法化危机》，刘北成、曹卫东译，上海人民出版社2009年版，第89页。
② 谢江平：《走向公共领域与废除私人领域——恩格斯妇女解放思想与自由主义女权理论比较研究》，载《哲学研究》2015年第12期。

确关联起来进行定量和定性分析都十分困难。在诸多现代性解释方法及理论方面，哪一种理论与方法都难以通达真正的现代性。尽管如此，就当下学界研究状况看，有两点值得注意的最大公约数：一是批判反思现代性的观点超过为现代性辩护的主张；二是现代性的基本原则是主体性原则。就批判者而言，主要是从批判资本主义的资本异化逻辑开始并延伸至后资本主义社会，在现代性的时间观上没有做切割。针对主体性原则的阐发来看，基于自由、权利、平等、共享等价值内涵而生发的主体性立正是学界对主体性原则的鼓励和力挺，这也是为现代性辩护的基本观点。任何事物都必须辩证的考察与预期，实际上，针对现代性既不能完全接受现有的基本观点，也不能全盘无视甚至敌视现代性，进而将现代性钉在原罪的柱桩上。从现代性的困境来看，现代性的确存在一定程度的断裂现象，主要表现在：一是主体性地位的张扬和主体意识的勃发，在市场经济和国家放权的双重推动下，这种主体性越来越呈现个体原子化的趋势，一个个人就像一个个原子一样自由任意游动，原子的"砂性化"孤立状态，在市场经济的激烈竞争中，个体往往担心在社会竞争中落后于人而产生了很多不安全感和恐惧，迫于经济、生活压力必然引发内心的积怨和不满，个体的抗争在一段时期成为主要方式，包括连续不断的上访等。有的则相反，在现代性面前"回退"至自我世界，保持与外界的孤立性自我防卫，长期下来形成惯性极强的个体"内卷化"①的非良性后果；二是现代社会中，国家制度设计旨在破解现代性困境，通过修改、创制各类法律、法规、政策等不同方面的制度来应对这种分裂，但是，这种制度的设计不可能将所有新生的事物和

---

① 内卷化：意指一个社会或组织既无突变式的发展，也无渐进式的增长，长期以来，只是在一个简单层次上自我重复。作为学术概念，其实并不深奥，观察我们的现实生活，就有很多这样的"内卷化现象"。美国学者盖尔茨于20世纪60年代提出的一个概念。

每一个个体纳入制度范畴而进行约束，况且一些制度出来之后，社会上，特别是社会个体也有变通之策，即上有政策下有对策。为了应对现代社会制造出来的不平等和分裂，个体慢慢通过情感相怜、惺惺相惜、抱团取暖、利益追逐等容易产生共同价值纽带的方式逐渐形成一些临时或耦合的组织；三是现代官僚机构就有一种理性的客观化功能，总想以一种整体性社会思维去管理对象，却不情愿的出现了新的鸿沟，制度的指向过于宏观和中观，上层制度与基层个体之间往往成为遗漏的"飞地"，进而造成执行与对象之间的心理距离，正是基于这些原因，非政府组织的代言与辩护成为链接基层与上层的有效通道。

　　现代性社会变迁视域下，非政府组织的性质具有如下几点：一是具有自反性。也就是非政府组织是应对现代性裂变而想通过组织性的整体自救或分利联盟，其本身在一定程度上体现了现代性的特质；二是具有沟通弥合性。非政府组织的这一特征主要是体现在非政府组织填塞了政府管理上的不足和无能为力，也弥补了社会日常生活需求多样性。在社会力量分化的背景下，组织提供的利益需求满足和有组织的抗争，不仅将直接利益者连成同盟，而且还可能把非直接利益相关者裹挟其中成为扩大型的利益共同体，政府在化解这些利益抗争的行为时，需要与这些组织的代理人进行对接、沟通；三是非政府组织具有由日常生活规则向正式制度领域的逆生性。"现代社会普遍强调制度建设，不仅因为正式制度建设是社会进步的直接表征，更为根本的是因为社会的现代化依赖于正式制度对社会生活的有效重塑。""现代社会中制度与生活的理想互动关系，首先是正式制度从的较高程度体系化和运转的高效性，其次是正是制度与生活领域之间一定程度的契合性，能引导民情的现代性转变，自然而然地替代习惯法、非正式运作的空间，最后是正式制度必须对生活领域的需求和民情变动有充分恰当的甄别，为自我变革以致社会变革留下空间。但现代社会的变革的理想顺序是从第三点向第一点倒推"①，我们按着这一思路，从第三点往上推，第三点实际上是具体的民情、需求，落脚点是一般是单体，单体与正式制度的实施机构之间需要组织链接，也就是单体的需求汇聚到社会基层的非政府组织内，由社会组织向上反映、传递需求意愿，并逐级向上逆向推动。

四　多民族地区族际差异条件下的非政府组织行为方式

云南少数民族数量多，民族文化和民族信仰不同，民族心理差异性明显，加之自然环境对人的心理意识的塑造，都会在多民族地区非政府组织行为方式上留下不同于其他地区非政府组织的印记。非政府组织的发展与中国经济社会发展的不平衡性具有正向关系，经济社会发展高的非政府组织相对较为成熟，行动理性色彩浓些，非政府组织治理结构相对完善，行动路线设计完备、方案详细而周密，受众可信度也高些。比如杭州世佳学习中心针对小区儿童开展公益活动，搞亲子教育互动，表现了组织性、目的性和常态化的特点。民族地区特别是西南的云南、贵州、四川和西北部的新疆、宁夏、甘肃、青海等地宗教信仰多样复杂，一些救助性质的非政府组织的形成、发展与该地宗教民族文化密切相关。比如，青海回族撒拉族救助会产生的文化沃土是多元民族和宗教文化语境，正如学者樊莹在《西北少数民族 NGO 发展及社会参与——一项关于青海回族撒拉族救助会的初步研究》一文中所分析的"思考作为一种民族文化现象的青海回族撒拉族救助会，不能不考虑青海—甘肃这一介于农耕与游牧、汉藏边缘区域——传统上称之为'河湟民族走廊'的多元民族、宗教文化语境。换言之，这一区域积淀的深厚的多元民族、宗教文化正是青海回族撒拉族救助会得以产生的文化沃土，因为民族认同向来是社会动员与行动的重要力量，宗教文化优势重

---

① 肖瑛：《从"国家与社会"到"制度与生活"：中国社会变迁研究的视角转换》，载《中国社会科学》2014 年第 9 期。

要的道德资源宝库,是社会慈善性 NGO 形成和发展的内在精神动力"。[①] 以族群和信仰为基础的当地民众对这类非政府组织的认可和信任较高、影响力较大、行动力较强。

多民族地区本土或传统的非政府组织活动,深深地打上民族文化的精神印痕,并且往往与该民族的信仰不可分割。具体而言,有几个明显特点:一是一些非政府组织的成立本身就是建立在族群边界与宗教文化基础之上的,成员来自本民族范围,该工作活动对象也是针对民族习俗、村寨文化与生态、族群内的自救自助行为等。比如,云南保山腾冲和顺马帮文化传播协会、云南元江哈尼文学会、怒江州兰坪县普米族歌会、内蒙古哈日高牧业协会、云南丘北县辣椒协会等。二是充分发挥和利用民族习俗、宗教规则形成的行事方式处理社会事务。民族地区的非政府组织的成立的目的和宗旨本来就是为处理族群内的社会事务而设,成员结构、议事规则、程序过程等都带有民族性,体现了本民族的文化特点、行为风格、处事原则等方面,在应对和处理个体之间、个体与群体之间、村际纠纷和矛盾时沿袭民间传统习惯和法则,而这样处理族际内的民众认同度较高,处理效果明显。比如云南迪庆州香格里拉藏区老年协会在自行处理和代表村民进行诉求时往往借助藏族传统习惯和方式,处理机制和结果不会衍生新的矛盾,基本上做到息事宁人,为构建和谐社区发挥较好作用。三是民族地区非政府组织的活动带有很强的地区特色,这种地域特色就是地方民族特色。就开展项目的内容开看,因民族地区总体上经济社会发展滞后、贫困程度深、贫困面大,社会发育程度低,民生提升任务重,妇女儿童权益保护紧迫,加上边境人口跨界流动,对滋生艾滋病、毒品等在民族地区特殊的防范和建设任务,因此,地方民族地区非政府组织的行为方式紧紧与这些相连,进而呈现明显特征。比如,云南民族地区的扶贫、禁

[①] 樊莹:《西北少数民族 NGO 发展及社会参与——一项关于青海回族撒拉族救助会的初步研究》,《青海民族大学学报》(社会科学版) 2015 年第 4 期。

毒、防艾、儿童救助、修建水窖解决饮水困难、助学、捐建小学教学楼等比其他地方突出，昭通安然公益事业联合会、西双版纳州妇女儿童心理法律咨询服务中心所开展的业务即是例证。又如，"兰坪文学"组织根植当地白族、傈僳族、普米族等丰厚的民族文化，经过挖掘、提炼、整理、创新并结合新时期的伟大实践，开展一些知识传播服务，进一步凝练"兰坪精神"，具有鲜明的自然地理空间中的民族气息和特点。而其他地区的非政府组织的活动虽然有共性，但是，非民族地区的非政府组织活动具有另外的含义，比如广州、深圳是社工发展较好、较快、较为规范的地区，很多新的本土NGO理念创新来自这些地区的经验帮带。这些地区的外来工权益保护是一个重要方面，特别是工伤维权尤其突出，而民族地区相对少多了。在这方面，深圳"南飞雁公益机构"的实践很能说明这种差异性。该机构的宗旨是帮助在工厂遭受工伤的弱势群体，在帮助受伤工人时，也考虑工人的内生力增长的问题，不是大包大揽，更不是为了获取工伤赔偿获益，从不会帮工人"代办"，只会一步一步教他们如何自己解决问题，是一个赋权过程，工人自己跑过一整套流程后，不仅在法律知识上能够提高，而且，心理调适、承受能力、未来期望也会提高。[1]

  境外非政府组织在民族地区的行为方式也要进行民族性转换方可在治理中发挥相应作用。总体观之，虽然民族地区的非政府组织的价值理念和文化与受助对象之间的摩擦、冲突、竞争相对小，但是，境外非政府组织的价值观、理念与当地民族居民之间有一定落差，因此，境外非政府组织在行为时必须充分理解、考虑当地族群的民族性特情，要建立互相兼储、相互融合的本土化思维，不以本组织固有的价值观凌驾于活动对象之上，不以固有的组织文化为准绳，要因势而变，因时而变，围绕活动对象的需求这一核心，随民

---

[1] 资料来源：NGO发展交流网，http://www.ngocn.net/2016.11.19.12：00。

族性特点不同而变通。比如,"云南农村社区是整体主义精神的栖息地,不是个人主义的,是将村寨作为一个整体来看待,村民把自己的荣誉、物质的改善、发展跟社区的联系看得很重。社区包括家庭、家族、村庄的山水、土地、还有共享关系的其他村庄,整个村对村民来说是很重要的"[①]。境外非政府组织在开展活动时,必须全盘考虑这种细腻的精神内核,找准汇通点进行有效对接。再如,环保公益组织经常遇到的是民族地区环境保护问题,这类问题涉及政府、公众、直接当事公民与集体等多方面,十分复杂而敏感,是衡量政府治理能力和危机应变能力的重要方面,因此,公益非政府组织在介入这类问题时要有高超的智慧和体查民族性的能力。例如,"云南基诺族参与形成民族的资源利用观念,他们并不视土地为个体或集体的有价占有物,自己暂时有闲置土地时,可以无偿地转让给别人利用,而当自己的耕地不足时亦会理所当然的要求别人同样无偿转让回来。这是一种比较满足利益需求的观念和不太十分关注族群内同质性的邻人占有多少,也反映了这个民族内的互助和公有观念,他们不会过度产生利益需要的不足时去严重对抗他人的观念"[②],因此,在发生利益抗争时,对村民(居民)的协商、劝说、引导效果就会达到预期。基于上述分析,非政府组织在族际差异下的行为方式,具有谦抑性、互溶性、民族性、地域性等特点。

就不同民族的居住地理空间特点而言,不同地理空间下的非政府组织行为方式亦有差异。西南地方、西北地方和西部地方差异明显,西北宗教色彩更为明显,民族主义情绪表现浓烈,民族自治性和独立性强,一些民族分离主义、恐怖主义、极端势力的活动破坏影响大,民族内生性结构稳固,精神内核严实,外来因素嵌入能力受到不同阻却。而西南地方特别是云南民族地区族际关系融洽,民

---

① 来自对云南社区伙伴工作人员的访谈,2015.11.12。
② 张劼颖:《"从生物公民"到"环保公益":一个基于案例的环保活动轨迹分析》,载《开放时代》2016年第2期。

族性格相对温和，利益冲突表现在个体的私利纠纷多些，调适起来相对容易。云南非政府组织的活动土壤厚实，对外来主体的进入和活动持开放、包容、理解和认同的态度，这也是非政府组织在云南活跃的主要因素。如果聚焦云南本土来看，滇西北、滇西、滇西南、滇南、滇东南、滇中和滇东北亦有不同，滇西北包括迪庆在内的少数民族在关注民生利益的同时，对水电开发、征地拆迁、机场、公路等基础设施的推进有着比较强的敏感性，这个地方山多平地少、环境脆弱、自然灾害致害深、民生对环境的依存度极高。比如2004年怒江水电开发引起的环境事件，当地居民关注度较高，最终在非政府组织和专家及当地居民的共同推动下，国家层面做出慎重开发的决策。而滇西南禁毒防艾的任务重，且要应对境外边民跨界带来的儿童教育、生活等问题，如因缅北战争跨界进入云南的边民救助问题。相对来说，非政府组织开展边民救助的活动容易些，边民易于接受提供的各类服务。

第二章 社会利益分化与治理理论

第一节 社会治理的相关理论

面对社会结构巨大转变产生的各类风险与治理，政府、学界和民间投入了极大的关注度，进行大量的多学科、多视角、多层次、多维度的孜孜研究和探析，或借鉴域外理论进行吸收、转化与创新；或返古开新寻求治理的理论给养；或根植实践总结经验力求创造性的提出一套全新理论，都在自己视野范围内苦苦追寻符合自身实践的理论之策。社会转型的宏大叙事覆盖了当代中国的所有空间和过程，剧烈转型所蕴藏的风险及现实矛盾冲突在民族地区与其他地区都有共性表现，只不过由于地方、民族、贫困等特点至民族地区的社会治理因素及演变有所不同。从社会安全和治理的理论基础考量，总体上围绕社会转型、社会冲突、综合治理和法治治理四个方面分析多民族地区社会安全和治理理论。

一 社会转型理论

社会转型是一个时期以来极热的理论用词，既将其作为理论分析范畴，也被当作一个事实描述对象，还有的将其作为社会诸种现象和问题的孕育场和吸收器。社会转型关涉现代性和现代化的深层问题，涉及政治结构、政府职能、社会领域、市场组织等诸多范围。本书认为，社会转型涉及三大核心问题，一是怎样转型（从哪往哪转)？二是转型的动力是什么？三是转型的机制及风险怎样？

社会转型是由一种社会形态转向另外一种社会形态，或者一种社会类型转至为另一种社会类型，是社会发展过程中的质变状态。社会转型理论是近代以来在现代性背景下对社会发展机理及跃升路径的理论结晶。该理论起源于西方，是西方理论话语体系下对社会诸种要素相互博弈构成的综合动力推动社会前行的思维表达。"在西方，D. 哈利生是较早使用'社会转型'概念的学者，他在其著作《现代化与发展社会学》中多次使用。在我国，台湾学者范明哲在其著作《社会发展理论》中第一次将'Social Transformation'词汇翻译为'社会转型'，得到理论界广泛认同，并在政治学领域不断被提及。"[1] 就西方的研究路径而言，有两条线路：一是马克思主义的分析路径，这一路径是从社会形态的历史演进来系统阐释社会转型的，转型前进的方向是原始社会→奴隶社会→封建社会→资本主义社会→共产主义社会。马克思是在对资本主义的唯物史观的批判过程中系统论证资本主义的被超越性的，可以说，马克思在社会转型是典型的批判性转型的代表；二是以近现代西方社会学家为代表的实体转型说。这一派别包括两个分支，即由专治型社会向民主型社会转变、由传统向现代转变。英国的赫伯特·斯宾塞将社会划分为"军事社会和工业社会"[2]。德国的马克斯·韦伯将社会划分为"前现代社会和现代社会"，法国的埃米尔·涂尔干将社会划分为"机械团结的社会和有机团结的社会"[3] 等。军事社会、机械团结社会、前现代社会等具有的共同特点是封闭、落后、静止、保守、阶层固化、专制等。晚近时期的亨廷顿对社会由传统向现代转变过程中带来的社会不确定性进行了深入考察。上述两条路线实质都是对社会进行系统研究后的理路回应，共同之处是关于系统社会观和

---

[1] 马闯：《基层政府治理行为研究》，苏州大学博士论文，2014 年。
[2] ［英］赫伯特·斯宾塞：《社会静力学》，商务印书馆 1996 年版，第 123 页。
[3] ［法］埃米尔·涂尔干：《社会分工论》，生活·读书·新知三联书店 2000 年版，第 204 页。

实体社会观的表征。传统向现代的转变是当下学界论及转型的共识路线，本书正是在此意义上以传统向现代转变之视角透析社会转型的动态机理。

我国社会转型始于近代，由专制向共和体制转变，转变的直接动力来自风起云涌的阶级斗争。1949年中华人民共和国成立，真正开启了具有深刻历史意义的转变，旧的社会结构被打碎、重组，人们身份发生质的变化，公民身份得以确立，新中国宪法确立了国家制度的基本结构和公民权利与义务的基本内容。广大人民群众被广泛动员起来全身心投入到社会主义建设的实践中去，人民群众的积极性和忘我精神被极大的激发出来，人人平等的观念和实践具有最大的普遍性。显然这种转型是深刻的，具有历史功绩。但是，随着社会发展，这种社会动员的功能和体制所带来的递减效应亦越来越呈现出其僵化、保守及个人劳动热情递减的一面，社会生产逐步陷入低效率、乏力困境。改革开放是以市场化为主要动力，以现代化为重要目标，发挥基层社会实践的先行先试的经验，然后总结上升至正式制度层面进而推广，并逐步废弃、修改原有的制度政策，创设新的制度，以此解放人、解放生产力，社会被带入转型轨道，深刻而复杂。随着社会的开放、人口大规模的流动和迁徙，以市场化为核心的经济改革取得了巨大成功，进入21世纪，社会转型快速而深刻且多变。主要集中在社会结构转型、经济体制转型、农业向工业社会转型和具有中国特色的民主政治转型。

社会转型是在渐进式改革、经济体制改革先行的大背景下推进的，货币资本化、实物资本化、知识资本化必然激发强有力的社会动员，个人参与经济发展的热情前所未有的被释放出来，参与主体日趋多元，其利益需求和满足程度也不断增长，为了获得满足感，各个主体以创造精神不断试验、尝试新的实践方式，但是，在传统的体制供给不足情况下，传统体制与社会转型之间充满张力，人们往往在超前的参与过程中并不能如愿获得满足预期，如此，难免产生挫败感和失落情绪，社会风险就不可避免的增大，社会治理难度随之上升。社会经济发展事实也是如此，"改革开放以来，我国实现了由计划经济体制向市场经济体制转变，但是各种社会矛盾非但没有减少，反而日益增多并呈激化趋势，社会运行的张力日趋增大。经济转型的成功并没有直接帮助社会的顺利转型，虽然经济得到了长足发展，人均GDP进入中等发达国家行列，但是由公平公正问题、两极分化问题、环境污染问题、贪污腐败问题、城乡差距问题所产生的社会不满情绪却在滋长蔓延，社会稳定面临日趋严重的挑战与压力"[1]。

云南是多民族地区，其社会转型面临的压力更大，应对的挑战更为严峻。与全国相比多民族地区社会转型呈现缓慢而滞后的总体特点。社会发展大大落后于经济发展，地区差距、城乡差距、民族差距、收入差距日益扩大，教育、医疗、社会保障等基本公共服务不平衡矛盾日益突出，族群矛盾、各类群体性事件频发，社会矛盾有进一步激化的危险，涉民族因素的矛盾冲突趋于增多，处理难度加大。"2011年至2013年，全省共调处影响民族团结和社会治理隐患事件407起，影响民族团结矛盾纠纷131起，涉及群众62071人。"[2]

二 社会冲突理论

从社会历史进程看，任何社会都有这样或那样的冲突，包括大规模的社会对抗、暴力运动、阶级斗争等政治冲突，也包含各种利益主体之间的利益纠葛的非政治冲突。不同社会形态下的冲突原因、影响及化解方式和途径不同。治理的基本任务就是有效化解、应对社会冲突。

---

[1] 马闯：《基层政府治理行为研究》，苏州大学博士论文，2014年。
[2] 内部资料：云南民宗委：《云南"十三五"促进民族地区发展思路和对策研究报告》，2015年12月。

现代社会冲突理论产生于20世纪五六十年代，该理论的兴起是面对当时社会各种矛盾带来的社会动荡和社会运动，学者对之前的结构功能主义理论所主张的社会系统是均衡、稳定、和谐与整合的社会理论进行了反思与改造，发展出冲突学派。社会冲突理论的代表人物是美国的刘易斯·科赛，1956年出版了《社会冲突的功能》一书，该书分析了冲突的根源在于物质利益和非物质利益（如价值观和信仰导致的非物质利益冲突）、冲突的四种类型（现实冲突和非现实冲突、初级群体冲突与次级群体冲突、群体内部冲突与群体之间的外部冲突和矛盾、意识形态下的冲突）、冲突的功能（融合结构功能主义和传统冲突理论，认为冲突是社会动乱的表现和固有特征，但同时又认为冲突是整合社会各种冲突力量推动社会动态变迁的动力因，对防止社会走向僵化具有积极意义，因此，特别强调"安全阀"在调适冲突中的作用）等。

除科赛外，代表人物还有美国的L. A. 科瑟尔、L. 科林斯，德国的R. 达伦多夫，英国的J. 赖克斯等。其中，德国的R. 达伦多夫在其名著《社会冲突理论的探讨》《阶级后的冲突》中创新的塑造了"辩证冲突理论"[1]。该理论认为，社会具有两面性，一面表现为静态的均衡性、稳定性；另一面又处在动态的冲突性，社会结构不断变迁，系统的社会中各个子系统又无时不处于相互冲突之中等。社会冲突的根源与动力是社会冲突理论的核心内容之一。达伦多夫从权威与服从的权威性结构来分析社会冲突的源动力，在分析权威结构产生冲突时，他指出，掌握资源的统治者或管理者必然利用自身权威，迫使其他的被统治者服从或遵从自己的意愿，而被统治者或被管理者自然不甘心因无权而长期处于被压迫地位，进而会要求重新分配权力或权威，这样就导致统治者与被统治者之间为了资源争夺产生冲突，社会冲突与社会变迁密切勾连，普遍社会冲突

---

[1] 刘海湘：《达伦多夫的辩证冲突理论》，载《学习时报》，http://www.studytimes.cn/2013.04.09。

是社会变迁的基本动力。达伦多夫的社会冲突理论的局限性在于，面对极其复杂的现代化过程中产生各种各样的有别于权威结构之外的诸如价值观、宗教、生活方式、非正式制度等要素的相互作用，其权威与服从模式的冲突理论难以诠释社会冲突的真实。

塞缪尔·亨廷顿基于现代性和现代化之辨证，认为现代性并非导致社会冲突的源力，现代性本身具有中性的理想与现实合理性，而社会冲突是在各个国家推行现代化进程中对原有社会结构产生冲击影响，进而致社会变迁与分化，社会分化就不可避免地产生各个利益阶层，处在权威末端的阶层往往会与其他阶层之间产生利益对立、价值观对质、无法实现预期的期望心理等都会使得调适困难、利益主体之间的冲突在所难免。"传统国家处于现代性的影响下，已冲破传统生活方式的束缚，正面对经济社会和政治变革的压力，遭受着新的、更好的经济生产方式和经济保障方式的冲击，由于现代化的变革进程，特别是由于政治无力满足人们日益增长的期望，而受到挫折。这种挫折的产生与泛滥会造成政治上的不安定。"[1]

由上述分析可见，无论是结构功能主义理论还是传统冲突理论，乃至现代社会冲突理论，都以不同方式承认社会现代化进程中冲突是必然的，只是现代社会冲突理论通过综合结构功能主义和传统传统冲突理论，辩证性的认识到冲突的负面与正向功能。问题的关键是怎样预防和解决社会冲突呢？现代社会冲突理论家刘易斯·科塞提出的社会安全阀化解社会冲突机制被广泛重视和运用。"'社会安全阀机制'是指在社会习俗或社会制度中能寻找到一种解决社会冲突的某种手段和方法，可以为社会群体成员提供'安全阀'一样的功能。社会群体之间平时淤积的敌对和不满能够通过这个'安全阀'宣泄而得以消除。通过安全阀这样的机制，社会群体的生存环境趋于友好，社会群体之间的社会关系趋于和谐有序。所以，科

---

[1] [美]塞穆尔·亨廷顿：《变革社会中的政治秩序》，李盛平、杨玉生等译，华夏出版社1988年版，第43页。

塞认为,'社会安全阀'犹如工厂里的锅炉上的'安全阀',它可以排泄猛烈的蒸汽(社会冲突),又使整个(社会)结构得以完整。综上所述,'社会安全阀机制'可以发挥社会减压、社会报警、社会整合、社会创新等功能。"①

三 综合治理理论

研究社会治理问题的理论基础,还要考察综合治理理论,这是我国面对复杂的社会矛盾逐步凝练形成的一套治理体系,通过考察、分析综合治理理论以便从中寻求社会治理方式的一些思路。从现有研究成果来看,综合治理的全称为社会治安综合治理,这是先前的称呼,现在改为社会管理综合治理,社会管理的范围较广,不单纯是应对治安问题,但从现在的实际做法看,还是以治安为主要任务。

社会治安综合治理的含义是理解综合治理的首要议题,从字面上看,"综合""治理"两个词是掌握其定义的关键,正是对两个词的含义及在现实中的运用理解不同,学界在分析综合治理的概念时也有一定差异。田小穹在《社会治安综合治理定义探析》一文对此作了较为详细的考察与分析,认为社会治安综合治理:社会治安综合治理,是指在社会公众参与下,各级党和政府部门为维护社会政治稳定协调行动,运用各种合法有效措施防治严重治安违法行为和刑事犯罪活动的一项社会管理系统工程。② 其他的定义包括:中央社会治安综合治理委员会办公室编著的《社会治安综合治理工作读本》:"社会治安综合治理,是一个具有时代性、中国特色的政治、法律概念,其含义是指在各级党委、政府的统一领导下,各有关部门充分发挥职能作用,协调一致、齐抓共管,依靠广大人民群众,运用政治、经济、行政、法律、文化和教育等多种手段,整治

---

① 马闯:《基层政府治理行为研究》,苏州大学博士论文,2014年。
② 田小穹:《社会治安综合治理定义探析》,载《河北法学》2010年第8期。

社会治安，打击和预防犯罪，完善社会管理，化解社会矛盾，维护人民权益，保障社会稳定，促进社会和谐，为社会主义现代化建设和改革开放创造良好的社会环境，推进中国特色社会主义事业深入发展。"[1] 施祖麟主编《社会治安综合治理实践与探索》："社会治安综合治理，是指在各级党委和政府的统一领导下，动员和协调全社会各方面的力量，综合运用政治的、经济的、行政的、法律的、文化的、教育的等多种手段，整治社会治安，建立和维护良好的社会秩序。对社会治安实行综合治理，既是保证我国长治久安的战略方针，也是一项改造社会、改造人类的具有深远意义的社会系统工程。"[2] 马结著《中国社会治安综合治理研究》："社会治安综合治理，是在党和政府领导下，发挥社会主义的优势，使专门机关同全社会结为一体，及时对违法犯罪等社会治安问题进行多角度、多层次、多手段的防治活动，是一种教育人、挽救人、改造人、维护国家长治久安的社会系统工程。"[3] 张智辉等著《比较犯罪学》："关于综合治理的具体含义，至今没有固定的、一致的表述，但是以下内容却是各种表述中共有的：在党和政思府的统一领导下，动员和依靠全社会的力量，综合运用政治的、经济的、行政的、想的、教育的、文化的和法律的各种手段，打击犯罪、改造罪犯、挽救失足者，从根本上预防和减少犯罪，维护社会治安。"[4] 这些概念大同小异，基本理念、实施主体、目标对象、手段方式等方面大体一致。

综合治理这一理论产生和发展的原因是针对当时违法犯罪高发，对社会正常生活产生严重负面影响，威胁着人民群众的生命财产安全，也对社会秩序形成破坏的严峻环境。改革开放之初，20世纪七八十年代交替之际，被学界概括为处在新中国从成立以后的

---

[1] 中央社会治安综合治理委员会办公室编：《社会治安综合治理工作读本》，中国长安出版社2009年版。
[2] 施祖麟主编：《社会治安综合治理实践与探索》，人民武警出版社2005年版。
[3] 马结：《中国社会治安综合治理研究》，法律出版社1991年版。
[4] 张智辉：《比较犯罪学》，中国人民公安大学出版社1992年版。

第四次犯罪高峰期，1981年达到89万件的峰值。为快速解决犯罪，稳定社会秩序，1983年开始实施"严打"，从快从重惩治犯罪，有效遏制了严重的犯罪问题，起到了立竿见影的作用。但是，到了1988—1991年，也就是20世纪90年代初，犯罪又大规模爆发，1991年立案236万件。[①] 此后的时期，违法犯罪一直处于高发状态，社会治安事件也呈现攀升形势，特别是随着市场经济的确立和不断深入发展，犯罪形态发生变化，由强奸、抢劫、盗窃、流氓等违法犯罪向诈骗、经济犯罪、渎职犯罪领域扩展，并且违法犯罪的客观方面不断翻新，以至于刑事法律及治安处罚相关法律法规不断修订，形势予人压力，面对如此严峻而带有循环性质的社会稳定问题，党和政府及学界等多方在苦苦探索如何才能更有效地遏制违法犯罪建构良好社会秩序时，提出并完善以社会治安综合治理的方式，来寻求破解困扰多年的社会治理困境之良策。"这一指导思想的酝酿与明确提出时间为1979—1980年间，截至2003年，这一指导思想已形成了严密与成熟的理论体系……"在实践中，已将社会治安综合治理作为社会主义初级阶段维持社会长治久安的根本思想。这期间两个重要决策文件较为重要，一个是1991年中共中央、国务院颁布的《关于加强社会治安综合治理的决定》（以下简称《决定》），该文件中明确界定了社会治安综合治理的定义；另一个是2001年9月5日，中共中央、国务院《关于进一步加强社会治安综合治理的意见》（以下简称《意见》），适应形势要求，该意见在总结《决定》实施的经验基础上，做了局部调整与改进，主要是明确了党政领导的责任、提出了社会政治稳定的概念、扩大了整治范围将扰乱市场经济犯罪等列入重点治理范围。到了十八届四中全会明确提出，在推进国家治理体现和治理能力现代化下加快推进社会治理现代化的重大战略，在贯彻落实社会治理现代化的进程中，

[①] 袁亚愚等：《中国社会的犯罪问题》，中国社会出版社1998年版，第55页。

传统的社会治安综合治理理念、方式、手段、目标、措施等正在朝着治理进路破题。

回顾社会治安综合治理的经验和理论演进，我们不难发现，中国特色的社会治安综合治理，具有一些明显的特征。一是综合治理的主体具有广泛性，各级党委、政府、党政军各有关部门、各人民团体、企事业单位、社会组织、群防群治组织、社区居民等都是社会治安综合治理的主体。主体间的职能架构是"形成党委统一领导，党政共抓，办事机构指导协调，各部门各司其责、各负其责、协调一致、齐抓共管"[①]。二是责任主体为各单位领导，在各级党委政府统一领导的基础上，突出强调了党委、政府主要领导的个人责任，制订责任清单，并将这种责任传递和延伸至机关团体事业单位国有企业等领域。在政绩考核上，将社会治安综合治理情况作为重要考核指标，有的地方党委、政府在社会治安综合治理问题上还实现一票否决制，严格考核责任；三是综合治理的方式是"综合"的，亦即采取多种方式、多种手段、多种途径推进综合治理工作。打击、防范、惩戒、教育、管理、建设、改造等方式相互结合，综合并进。运用法律手段、行政手段、经济手段、教育手段、文化手段、宣传手段等诸种方式。特殊时期以"严打"为主要方式；四是综合治理的对象主要是是治理危害社会的违法犯罪、扰乱社会治安、破坏社会秩序的社会公共安全，随着社会经济发展和治理理念的逐步转变，治理对象逐步扩展至群体性事件、上访诉求等领域；五是治理机制上主要是在社会管理综合办公室协调下，以公安机关为主，其他机关、单位、组织、公民为参与主体，机制传导主要是自上而下的传输过程，管理色彩较为浓厚。

通过对综合治理理论的产生、发展及其特征的分析可以看出，

[①] 游祥斌、李祥：《反思与重构：基于协商视角的社会治安综合治理体制改革研究》，载《中国行政管理》2014年第12期。

社会治安综合治理存在一些不足，有待进一步发展完善。一是综合治理的各个主体之间的多元治理关系的治理职能还没有有效体现治理的特点，党委、政府自上而下的主导、其他参与主体的治理功能没有充分发挥出来，上级控制较死，管理与被管理的传统思维依旧浓厚。各主体之间的平等合作机制尚未真正建构起来。"其中管理者是管理行为的主体，而被管理者最多也只能被允许知情或参与。没有将利益相关者都视为治理的主体，各权力主体之间的相互依赖关系没有充分体现，各方之间都需要通过对话与协商来实现公共目标的要求体现不足。"[①] 二是利益相关和无利益相关的公益性、非营利性的非政府组织在综合治理中的作用尚无明确定位，这些组织参与的途径、范围和角色都不明朗，虽然社区矫正可以由非政府组织购买政府服务来承担相应的治理工作，但是实际上非政府组织参与的深度有限；三是社会治安综合治理的基本路径不能很好的适应和解决参与治理的各方，其合作过程的动态灵活性和治理行为动态模糊性、多样性及不确定性这一治理的重要理论和实践问题；四是传统的统治和管理强调管理主体的权力单一性和权威的固定性，存在管理者和被管理者各主体间应相互合作，并最终形成自组织的合作网络从而产出公共政策。

四　法治治理理论

建构稳定有序的社会关系、安定的生活环境是任何一个国家追求的价值取向，也是人类社会不断发展、进步的基本前提和保障。不同历史时期，统治阶级都必须以各种方式尽最大努力保障社会秩序的稳定，创制符合自己民族特点的道德、行为规范、法律、行政范式等来确保社会安定，以利于统治阶级的统治。纵观人类历史，维护稳定的理念、方式、手段、机制等诸方面有一个进化过程。总

---

① 申建林、姚晓强：《对治理理论的三种误读》，载《湖北社会科学》2015 年第 2 期。

体而言，沿着"专制—人治—强制—法治—合作共治"的进路前行，这些理念与路径之间具有继承与超越的逻辑关系。古代社会统治阶级在专制体制下，治理的理念是"人治"，治理的方式和手段是强制性控制来构建一种静态的社会秩序，古今中外概莫能外。近代以来，在现代性和现代化的双重动力驱动下，人的本质还原给人自身，法律上的平等、自由理念得以确立，但是，现代化是天使又是魔鬼，既惹人爱又招人恨，正如卢梭当年所言，人生而自由平等，但无往不在枷锁之中。社会的裂痕、各种陷阱、利益纠葛、单向度的人等无不冲击着社会秩序。为此，一些思想家或以政治学，或以法学，或以社会哲学等多种视角尽力做出反思、重构社会秩序的种种努力，提出一些颇有见地的治理模式的理论体系或思想性认知。

国外关于治理理念与模式的确立和建构，主要表现几个方面：一是公正性治理，这一理念的代表物为美国的罗尔斯。罗尔斯在《正义论》一书中指出："正义是社会的首要价值，而正义总是意味着平等"，并进一步解释和强调"不同性别、阶层、宗教和信仰的民众在各类权利上的平等。建立运转协调、阳光透明的行政体系，增加民众对政府的亲切感和信任度，自觉遵守、维护社会秩序，增进社会和谐稳定"[①]；二是自治性治理。这一观点的代表人物是葛兰西。葛兰西在《狱中札记》中提出"社会由非强制性的、相对自主的非政府组织，如社团、工会、教会、行会和学校等机构组成"，主张减少对社会的强力控制，支持社会自治力量的发展，并鼓励社会自治力量的自我管理、自我调适、自我维护利益的作用，利益相关的公民根据资源分布与依赖情况组成非政府组织，依法处理自己的事务，消除怨恨，克服冲突，进而促进社会团结稳定；三是协商性治理。协商性治理源于协商民主的理论启发，也是

---

① 冉童：《维护社会稳定的法治化研究》，西南政法大学硕士论文，2014年。

现代治理的基本形式之一。协商民主是相对于竞争性民主而言的，是对选举行性民主的缺陷进行学术反思的理论成果。1980 年美国瑟夫·比塞特教授在《协商民主：共和政府的多数原则》一书中首次创造了协商民主这一词汇。他主张公民参与而反对精英主义的宪政解释。此后经由哈贝马斯、菲什金、瓦德拉斯等人的研究与拓展，协商民主理论逐步走向成熟，并广泛传播，成为当今世界一种影响颇深的民主形式。在寻求社会治理理论多元的当下，协商民主成为建立社会良性、稳定秩序的理论渊源；四是法律治理。西方理论土壤中，法律一直被认为是秩序的追求者，法律的价值和生命力在于建构一种符合统治阶级愿望的秩序状态。因此，在西方，法律治理一直是人们运用成熟的手段与方法。罗斯科·庞德在《通过法律的社会控制法律任务》中，从法律社会学角度对法律在社会控制中的作用进行了深入分析，反映作者的法律至上理念。

　　国内对治理理论与实践的研究表现极大的兴趣，研究和关注的人群范围甚广，政府官员、政府研究机构的研究人员、学者、非政府组织人员、社会公民等都以不同的方式进行探讨、分析。保持兴趣的时间之长、参与人群之广、共识之高是其他领域无法相比的。既涉及基础理论研究，也涉及实践经验总结，还涉及对治理方式的深度反思；既有宏观的理论分析、也有对城市治理、乡村治理、社区治理的微观阐释等。如陶德麟、聂运麟、于建嵘、王利明等著名学者，还有政法系统的公务人员，如现任中共中央政法委秘书长汪长青，法院系统、检察院、公安系统的一线工作人员等。[1] 治理研

---

[1] 陶德麟：《社会稳定论》，山东人民出版社 1999 年版；聂运麟：《政治现代化与政治稳定》，湖北人民出版社 2001 年版；于建嵘：《中国当代农民的维权抗争：湖南衡阳考察》，中国香港文化出版社 2007 年版；翟献武：《法治视野下的治理问题研究》，中国法院网，http：//www.court.gov.cn/2014.02.27；王利明：《以法治思维和方式治理》，载《当代贵州》2015 年第 16 期；霍宏霞、霍晓霞：《从刚性治理到法治治理——论当代中国治理模式的变革》，载《人民论坛》2014 年第 20 期；周孟珂：《"治理"呈现法治化走向》，载《中国社会科学报》2016 年 6 月 3 日等。

究的基本理论共识主要表现在：一是"治理"是推进国家治理体系和治理能力现代化的重要战略，具有非常重要的紧迫性、常态性、必然性，是关乎中国特色社会主义建设事业成败的重要举措，对"稳定压倒一切"的具有高度认同；二是各级党委政府在治理中应当一如既往的承担主要责任，充分运用好公共权力，积极创新治理方式，服务于现代化建设、服务于民族振兴、国家富强、人民幸福之伟大目标。三是对治理理念、方式、责任形式、治理机制等诸多方面有惊人的一致看法，基本上是一边倒的认为，现在的治理方式越来越不能适应现实要求，应当创新治理理念，创新治理方式。具体而言有几个方面：第一，认为当前的治理是刚性治理，是压力型体制下的治理方式；第二，是人治性治理，是权力的单向控制；第三，政治化治理倾向明显，采取政治高压态势，不惜一切代价，追求表面的平静，甚至抱有"花钱买平安""治理就是摆平、就是搞定"的心态去治理，比如信访本来是保持人民群众反映社情民意的好的做法，现在普遍做法是压访、截访、堵访，成本不断攀升，在现有信访体制下出现了千古奇观：居然能够利用连续不断的上访，在与政府博弈中获取相当可观的利润（湖南曹再发的房子于2013年3月12日被拆，因不满补偿，走上上访之路，2016年9月因上访不满驾车撞人令人深思）。实际上，整个社会都在反思为什么投入高昂、收到的反而是"越维越不稳"的异果。追本溯源，还是在于治理理念、治理方式、还是在于治理的根本目标是什么要有正确的判断；四是认为法治治理是必然选择。

当前我国正处于改革深水期和社会主义现代化建设攻坚克难的关键期，稳定的社会环境是实现"两个一百年"奋斗目标的基本前提。要如期实现发展目标，必然要求有效应对当前及未来因各种利益矛盾引发的诸种复杂、多变的深层矛盾，营造良好的社会环境。法治治理是在无奈与残酷的现实倒逼之下，传统的治理方式日益显现其严重的缺陷，通过对现有治理方式不断进行理性反思的选择结果。从人类文明进程的经验来看，法治治理明显优于传统治理方式。为此，党的十八大报告明确指出："提高领导干部运用法治思维和法治方式深化改革、推动发展、化解矛盾、维护稳定的能力。"以习近平为核心的党中央，不断强调各级干部特别是党的领导高级干部要树立法治思维，提高法治思维水平，增强化解社会矛盾的能力，特别强调法治治理的核心是要将"治理"和"维权"相结合。党的理论创新有力推动治理方式的转变，法治治理正在破题，正在呈现。

　　法治治理的基本理念和要求表现在几个方面：一是要运用法治思维，就是"要求领导干部要摆脱个人凌驾于法律之上的人治思维，切实做到依法行使公权力，通过法律程序解决矛盾纠纷，而非依赖行政权力去解决"[1]，关键是政府在处理社会治理事件和社会突发公共事件时要依法进行、遵行法律程序、公平公正处理，切实将维权和治理结合，不能单向度的只追求稳定效果；二是法治治理要求参与治理的主体体现多元、共治精神，要求参与主体多样，特别是利益相关者所依托的社会组织和能够代表利益诉求的公民应该有参与的管道，政府不能唱独角戏；三是法治治理的机制要求科学、高效、灵活。依法建立舆情预报、搜集、处理、公开、消化等机制，准确搜集社会舆情，进行科学研判，设置好舆情向风险危机转化的防范措施。重要的是将社会矛盾消解在萌芽阶段，风险前移，减少事后处置的数量；四是建立健全法治治理的法律制度。法治治理是系统工程，关键在于要有科学、前瞻、规范的法律法规作为保障，现有法律法规在法治思维理念、法治治理机制、法治治理体制等方面尚需重大改进；五是围绕"利益"这一根本问题全方位构建保障利益表达渠道畅通、保障信息公开、保障公众权益、侵权赔偿、失职追责的法治化网络；六是树立韧性治理的思维，建立韧性

---

[1] 姜明安：《法治、法治思维与法律手段——辩证关系及运用规则》，载《人民论坛》2012年第5期。

治理的机制。治理主体特别政府在具备法治思维的同时，还要有政治思维、经济思维的水平和能力，把控好政治、经济的投入与收益之间的对比，尽量做到投入小收益大。此外，民族地区的治理主体，还要具有尊重当地不同民族习惯，以社会组织的力量化解纠纷、定息止争的能力。

五 社会分层理论

在大力推进协调、共享理念的背景下进行社会分层研究似乎不太合时宜，但是，社会转型、经济转型带来的客观分层是不争的事实，正是由于社会阶层的日益分化，不同主体所处阶层不同其利益观念、价值取向、心理认知、情感归属、行为方式也明显有别。如果各阶层之间有顺畅、良好的沟通、交流、互动、共融的渠道，则社会治理遇到的难题就会大大减弱，若各阶层之间的沟通、交流、共享渠道被堵塞、阻断、变异，则经济社会发展严重不平衡导致的社会矛盾就难以从根本上解决，而且还会埋下潜在的危险因素，阶层之间的裂痕、鸿沟将不可避免的扩大，社会治理遇到的复杂问题就不可避免的增多。就多民族地区而言，因民族复杂性、文化差异性、行为多样性、价值多元性的特殊因素，如果调适不好，有可能加剧各种矛盾的爆发。因此，对社会分层进行研究是研究非政府组织发展与民族地区治理方式选择的必要参量。

我国有55个少数民族，主要分布在西部、西南和西北（西部是个大概念，学界在研究时有时把西南包含在西部）。这些地区国土面积大、民族众多、宗教差异性明显、经济社会发展相对落后，无论是经济总量绝对值还是发展条件与东部地区差距持续扩大。"以2001年至2013年为例，全国民族自治地方全社会固定资产投资、实现国内生产总值、公共财政预算收入、社会消费品零售总额，分别年均增长26.6%、12.8%、21.7%、16.1%，均高于全国平均增长速度。虽然民族地区相对差距有所缩小,但由于多方面因素的制约,其绝对差距仍在不断扩大。"① 而区域内部不平衡也在持续扩大,就是同一地区内部少数民族之间的发展差距也存在明显的高低状况。与全国一样,阶层分化在民族地区也呈现加速趋势,早在 2005 年前后就有学者对甘肃民俗地区的阶层分化进行研究指出,甘肃民族地区农民比牧民分化大,农村青年比中老年人分化大。牧民则分化成农牧业劳动者、各类企业打工人员、个体工商业者、私营企业主、乡村管理者、宗教职业者、乡村教育工作者等若干层次,而每个群体又以资源占有状况、能力素质提升情况、收入、财富来源细分为若干小群体。② 这个分层时间较远,随着基层社会社会身份分化急剧加快,基本层次变化较大,特别是随着社会发展这些阶层的物理空间和文化流动性加大,出现跨地域流动和文化身份产生的个人身份变化等被划入其他阶层范围,以致规模上有所变化,比如云南民族新变化,一些阶层间也有流动,有些因升学而改变身份、职业地位、新社会组组织,多民族地区农民为了发展出现了农村劳动力离农化趋势加剧,农民分化程度不断加深,收入来源差异明显,正在形成职业农民、农民工、失地农民、城市化农民、小农户、专业大户、农民工、包工头、个体经营者、企业主、合作社带头人、家庭农场主、村干部、留守者、贫困群体等多个层次。现在的阶层在此基础上有固化的倾向。尤其值得关注的是新社会阶层的数量增长较快,价值观念变化较大。根据 2017 年《社会蓝皮书》报告,新社会阶层(指新出现的中等阶层)的信任度一般,但社会包容性增高。同时,认为社会公平度较低。以个体方式参与上访、示威的机率很低,参与公益活动的次数多,41.6% 的受访者

---

① 国家民委民族问题研究 2015 年项目"习近平民族工作思想研究"中期研究成果,载《中国民族报》2016 年 10 月 14 日。
② 黄晓峰:《甘肃民族地区分层状况与稳定研究》,载《甘肃联合大学(兰州文理学院)学报》2005 年第 4 期。

表示过去一年曾经向慈善机构捐款捐物,参加环境保护的活动比例大约为20%。在义务献血、义务参加专业咨询活动、义务打扫卫生、义务照顾社区孤寡老人的参与率也分别是17.1%、11.7%、10.6%和7.3%。多民族地区如云南参与率与全国较高的北上广深等地有较大差距,但较2016年同比也有上升。

为了更好的深入研究,本书选择了研究者所在的云南为重点观察对象进行分析。分析民族地区阶层形成的标准以利益来源、财富状况为主线,同时,考虑职业、身份、地位、信仰、文化程度、流动性、归属的组织等标准。

第一,按照经济收入及占有资源禀赋划分,"低收入者构成社会下层或弱势群体,中等收入者是中间层或中产阶级,高收入者是社会上层,此种分层虽然理论基础并不强却被人们广泛采用。我国自改革开放以后,平均主义的利益格局被打破,出现了社会分化、利益差别,很大程度上是反映在收入方面。收入分层比较容易操作,有很大的应用价值,目前国家统计局每年都公布按照收入划分的各阶层收入户的情况"[1]。云南是全国少数民族最多、跨境民族最多、特有民族最多、人口较少民族最多、直过民族最多的省份,由于多种原因,云南贫困人口也是全国最多的省份之一。按照国家规定的人均每年收入2855元的脱贫标准,截至2015年云南农村贫困人口为471万人(2015年年末云南省常住人口为4741.8万人,贫困人口占比9.93%)。还有一些下岗失业及其他特殊贫困人口,还有一些收入达不到城镇人均可支配性收入26373元的人群也很多。高收入者占少数,这个数据可以根据自行申报年收入超过50万元的人口为计算依据。[2] 这些仅仅作为大致了解云南社会分层的取向。

---

[1] 李强:《社会分层的十大标准》,民政部政策研究中心网站 http://zyzx.mca.gov.cn/ 2007.12.26。

[2] 数据来源:《云南省2015年统计公报》http://yn.yunnan.cn/html/2016—04/18/content_4289968.htm。

按照收入划分阶层能够分析人与人之间的冲突状况。

第二，按照从事职业划分，分为十二大阶层（在陆学艺的《当代中国社会阶层研究报告》一文中分为十个阶层的基础上，增加宗教从业阶层和新社会阶层，这是云南的实情）。比如老板与员工、自由职业者等。其中，失业状况为，2015年年末全省城镇登记失业率为3.96%；农民工基本情况为，2015年全省农民工总量为719.5万人。其中，本地农民工266.1万人，比上年增加11.7万人，增长4.6%；外出农民工453.4万人，比上年减少28.1万人，下降5.8%。职业标准实际上是分工标准，从事的工作性质不同，在分工发达的任何一个社会都存在，只不过不同的社会形态工种、岗位不同而已，因此，这种划分标准难以充分反映不同职业者之间的冲突。

第三，按照市场地位划分，此种标准从多个方面考虑人在市场中获取生存、生活的机会，反映在市场中的实际状况。比如地产商、资本运作着、利益集团控制人等，还有如房主与房客、销售者与消费者、债权人与债务人等。云南市场经济发展总体而言不是成熟和完善，有些地区，比如怒江州福贡县、泸水县下面的乡镇、村庄商品经济不是十分发达，这些地方的部分民众对市场规则还较为陌生，一些交易仍沿袭着物物交易的传统。市场经济建立起新的竞争场域，是一种改变分配资源的方式和中心群体与边缘群体关系的途径，但"直过区"社会发展的结构性差异影响着他们参与市场的程度，在新的历史时期反而加大了差异化和边缘化水平，云南"直过区"与市场的联系程度较低，社会发育程度不高的民族"直过区"较难跟上时代发展的步伐，与全省的发展差距在不断拉大。这种结构性差异十分突出。2008年孟连事件可以说是当地胶农参与市场程度不深，掌握市场之源匮乏的原因而致。

第四，按照文化资源划分，可以分为精英文化层、大众文化层、世俗文化层；按类别可以分为旅游文化层、村寨文化层、马帮文化层等。中国自古以来就特别重视文化的分层，如贵族文化、绅士文化、短帮文化（穷人文化圈）。往往将文化与社会地位、贫贱联系在一起，精英文化层有自己的规则，穷人文化层有另外一套规则，相互轻视甚至敌视。在中国还有一个很重要的问题，就是由于文化分层的导致经济分层的固化现象存在。文化的冲突与经济地位的关系十分密切。云南民族地区的文化分层更为明显，不同的民族都有自己的文化，诸如图腾信仰、服饰、饮食、婚嫁、祭拜、节日、交往习惯等都不尽相同，形成不同的因文化资源而分层的特殊性。但是，云南少数民族地区真正因文化引起的民族间严重冲突并不多见，反而不同民族之间长期共和相处是常态、主流、典范，并没有发生如1989年《性风俗》一书引发的冲突、骚乱事件。

第五，按照社会资本划分，在中国社会分层关系发生巨大变迁的过程中，社会资本、社会关系起到了至关重要的作用。其发挥作用的渠道，大多是通过"熟悉人"关系、社会网络、社会圈子等。"熟悉人"对于资本、资源、财产、收入等的调整起到了至关重要的作用。比如同事、战友、海归、老乡、同学等。还有一些社会组织如各类商会、联谊会、协会等实际上是营造一个以无形社会资源为纽带的新熟人阶层。云南少数民族还有自己的节日文化组织、宗教组织。

第二节 多民族地区少数民族利益实现方式

一 利益及少数民族利益

利益不仅是实体范畴，更是带有基础性的关系范畴。唯物史观认为，人们所奋斗的一切都与其利益有关，思想一旦离开物质利益就会丢丑。显然，利益的集中指向为物质性利益，而非精神利益。作为实体范畴的利益是指满足人们生存和发展所需要的各类经济、政治、文化、社会实践的物质和精神生产及其成果形态。其中物质利益是核心,是其他利益实现的前提和基础,马克思在《德意志意识形态》中指出,人类历史活动的第一个历史前提是物质生产的实践活动,人们首先要满足自己的衣、食、住、行。建立其上的各种政治利益、思想利益、精神利益等非物质性利益的实现都是以物质利益的生产与获取为基础,通常来看,只有在满足物质利益时,人们才能进一步去创造一定的政治形式、文化形态等精神领域的利益活动。当然,这是从最根本意义上来认识的,也就是当人们还在为生存的物质条件争斗的时候,当人们处在物质条件极其匮乏,甚至连基本的生存还无法保证的情况下,其他的利益就显得无关紧要了。从人类历史发展的整个进程辩证观之,精神利益与物质利益并非完全是如影随形的绝对的前后关系,亦即精神利益并非物质利益的影子一样,亦步亦趋跟随其后。一些时期、一些环境中,精神利益保持较为显著的相对独立性。

利益关系是不同利益主体在实现利益过程中形成的利益生产、利益占有、利益分配、利益共享的各种内部、外部相互交织的关系。"利益问题本质上是一个利益关系问题,是人们围绕特定的利益而形成的相互关系。"[1] 一切关系都根植于生产关系,生产关系构成了一切社会关系的源泉。利益关系是在生产实践中形成的,生产关系决定利益关系的性质、特点及其走向,而利益关系又是生产关系之外的其他社会关系的发源地和发展动力,一定意义上,正是由于新的利益关系不断产生、发展和跃进,才使得社会政治、思想、文化、观念等更为广泛的社会关系不断生成,并向着新的关系领域进发,最终促使国家、民族、个人之间的社会关系多样而复杂,这是人类社会发展的基本态势。鉴于上述情况,本书从物质性利益关系出发去认识少数民族各种利益现象及其实现方式。

我国是一个多民族国家,各民族与中华民族的利益根本上是一

---

[1] 惠泽宇:《民族地区资源开发过程中利益保障研究》,中央民族大学博士论文,2013年。

致性的，各民族利益要服从中华民族的整体利益，这是利益关系的应然性和实然性的有机统一。由于多民族的客观事实，每个民族构成不同于其他民族的族群，形成以民族为核心的利益群体，"民族作为一种社会历史存在，无论是作为社会的产物（社会的客体），还是作为社会和历史的创造者，在民族产生后，它都是社会重要的要素、关系和组成部分"①。在这个利益体群体中，既有众多的单体化的公民个人构成，又有少数民族为了实现自身或共同利益而组成的一些社会组织，在多元一体的格局下，各个民族既有族群的利益追求，也有每个个人的利益需要。随着社会转型和经济转型，在大力推进社会主义市场经济的过程中，经济领域、社会发展领域日益开放，民族地区的利益主体也越来越呈现多元化趋势，世居民族和外来民族、各种各样的利益集团、当地和外来的社会组织等并存、交织，利益关系日趋复杂多样。

关于少数民族利益的研究，十分活跃，于国于民族于家于个人都具有历史和现实的必要性，意义十分重大。那么，为什么要不遗余力地对少数民族利益进行研究和辩护？按道理说，既然各民族都是平等的，在利益诉求和实现上应该没有差别的，但由于历史及其他复杂的客观原因，实际上形成了不同民族利益的差异性，有的民族利益实现较好，有的实现不理想。放眼世界历史，甚至有些国家的强势民族和外来夷族对弱势民族（土著）进行物质和精神乃至生命的剥夺，导致在人类历史上上演着一幕幕民族冲突史。如新西兰毛利人、澳大利亚土著、美国西部土著等曾经为捍卫自己的民族利益进行过史诗般的长期抗争。理论上讲，少数民族是相对于主体民族而言的，在我国，主体民族是汉族。民族演化时至今日，人数多少虽然是界分的量化指标，但是，可能更重要的是少数民族长期形成的该民族的文化、精神、信仰观念，并在自己的观念中高度认

---

① 金炳镐：《民族理论通论》，中央民族出版社1994年版，第79页。

同、捍卫这些精神内核，进而达到日用而不觉程度。

　　把握少数民族的利益状况，既要静态的去审视，更要动态的细致分析，方可全面认识少数民族利益的现实性、时代性和发展性。静态上看，少数民族利益的利益是各种利益相互联系的有机综合体，在这个庞大复杂体系中，最基本的经济利益，这是少数民族生存、发展的最根本利益所在，也是容易、直接导致民族间矛盾冲突的重要利益因素。进一步分析经济利益，又可包括物质利益诸如居住建筑物、设施设备；生产性土地等生产资料、矿藏资源、水电资源、生态资源等方面，还包括各种途径的财政收入，比如，政府开发补贴、新农村建设补助、精准脱贫支助、各类非政府组织援助、支持等。除了物质性利益之外，当然也包括非物质性利益，主要包括政治利益，公正、平等、参与、选举、协商等；也包括民族文化利益，民族文化之于民族而言是其灵魂，少数民族拥有本民族文化利益，比如，展示、开发、利用本民族文化带来的利益越来越大，受益民族范围不断扩大；还包括社会权利，即享受社会公共服务的权利、劳动权、受教育权等。这些权利在宪法和相关法律法规中有具体规定。从动态上考察少数民族的利益，就是要求少数民族的利益随着社会发展同步增长，共享时代发展的成果，物质性利益和非物质性利益都要与全国发展同步，实现共同繁荣，这是团结的重要基础。王文长指出："经济发展水平越低，贫困程度越高，人们越关注现实的生存问题，即对直接的物质利益要求最强烈；随着经济发展及收入的不断提高，社会成员的利益需求和认知能力也将发生变化，人们将更多关注和认同环境与自我发展能力方面的利益，同时也会更多关注经济利益之外的其他利益，如政治权利、文化发展、民族整体利益等，这是人类需求及经济社会发展的基本规律。"[1]

---

[1] 《西部大开发与民族族利关系协调研究》课题组：《少数民族在西南大开发中的利益实现研究》，载《云南民族大学学报》（哲学社会科学版）2004 年第 5 期。

二 民族地区居民利益实现存在的问题

为了有效实现少数民利益，提高发展水平，国家以及民族地区通过加大倾斜的政策供给力度、创新民族地区发展的体制机制等多种方式构建全方位立体化的利益实现网络。经过多年的推进，民族地区的利益实现有着大幅提高，但是，依然存在急需解决的问题。下面以云南为例进行分析。

（一）强烈的发展愿望和现实基础之间的反差大

一是地理环境不是社会发展的决定因素，但是，优越的地理环境能够加速民族地区利益实现程度，恶劣的地理环境对经济社会发展起着巨大的阻碍作用。云南少数民族大多聚居在自然环境较为恶劣的地方，属于高寒山区，滑坡、泥石流、旱涝灾害频繁的岩溶地区、石漠化地区等，生存环境恶劣、垦殖率高、水土流失严重，农业生产的受制性很大。云南怒江州和昭通乌蒙山区最为典型。这里交通不畅，高山峡谷交错，耕地极少，平地极少，引入资金项目十分困难。另外，生态脆弱开发谨慎，发展与保护的矛盾十分突出，利益实现可选择性局限很大；二是随着全面深化改革的不断推进，各民族求发展、求利益的愿望十分强烈，追求利益的主体意识觉醒和空前高涨，但是，民族地区的经济基础较为薄弱和脆弱。就云南而言，经济发展较为滞后，"2013年，云南民族自治地方人均生产总值20105元，分别比全省、全国低4978元、21802元，与20110年比差距分别扩大了1949元、4763元"[①]。云南贫困深、贫困面大、差距大在全国属于典型地区之一。云南的怒江州三边县"泸水（市）、福贡、贡山"贫苦发生率高达40%。这些客观劣势是制约民族利益实现的不利因素，并有可能致强烈发展愿望不能很好实现后转化为不满情绪。

[①] 内部资料：云南省民宗委：云南省"十三五"规划重大前期研究课题成果：《云南省"十三五"促进民族地区发展思路和对策研究报告》2015年1月。

(二) 实现民族利益的内生力不足

内生力不足主要表现在市场经济、社会发育程度低和劳动者素质制约。一是云南整体市场发育不是很成熟、很完善,而且省内区域发展水平落差较大,呈现以昆明、玉溪、楚雄曲靖市为高点向滇东北、滇西北、滇西、滇西南、滇东南、滇南逐步递减的态势。尤其是以昭通乌蒙山区、怒江大峡谷地带最为明显。这些区域"大多地处偏远、偏僻,远离政治经济文化发展中心,受市场规律的驱动,资金、人才、技术等要素多向条件较好的地区流动,发民族地区在市场竞争中处于不利地位,日益趋向边缘化"[①];二是云南民族地区社会发展滞后。社会发育程度高低的指标主要反映在社会要素流动程度、开放程度、社会组织化程度、教育程度等方面。从现实看,云南"直过区"涉及31个县206个乡镇648个建制村126万人,生产力与生产关系之间的不同步性显著,生产力没有随着生产关系的变革而实现跨越,仍处于滞后状态;三是劳动力综合能力不强,受教育程度低。农民参与社会发展能力弱,把握市场交易机会能力弱,市场经营人才匮乏。"受现有经济发展水平、资源动员能力、利益机会把握、知识技能存量等条件的制约,大部分人更关注或追求的是直接物质利益的实现"[②],而忽视可持续性能力的增长。

(三) 资源开发的共享力度有待加大

云南是资源大省,矿藏资源、水电资源、生物资源、光能资源都位居全国前列,这些资源的开发为国家经济建设做出了巨大贡献,当然,不同时期的政策供给给民族地区利益带来不同的影响。"十一届三中全会以后,国家开始关注非均衡的发展模式,利益的地区分布作出了重大的调整。'七五'计划明确指出,我国经济发

---

① 内部资料:云南省民宗委:《云南省"十三五"促进民族地区发展思路和对策研究报告》2015年1月。

② 张冬梅:《民族地区实现民族利益存在的问题与对策》,载《延边大学学报》(社科版) 2009年第3期。

展水平客观上存在东、中、西三地带，发展总目标是加速东部沿海地带的发展，同时把能源、原材料建设放在中部并积极地为进一步开发西部做准备。"[1] 实施西部大开发是民族地区发展的契机，但是，"广大的中西部地区，资源禀赋丰富，是能源、原材料的供应方，利益的协调采取的是'低售高买'方式，国家对原材料、能源价格控制在较低的范围内，在这种情况下，导致中西部利益的流失，也成为各民族、各地区自身利益实现中的羁绊"[2]。当国家开始诸如"西气东输""西电东送"之类的资源性开发与使用行为时，就没有在其行为上捆绑原住居民的资源收益优先权、原住居民对资源使用的决策权。国家作为利益主体通过市场形式收取了民族地区低价输出的生态资源交易费以后，其获得的巨大利益却没有最直接地反哺给广大农民，从而侵害了少数民族的合法权益。十八大以来，国家对民族地区利益实现极为关注，在政策上、体制机制上、财力上给予大力支持，云南省自身也出台实施了三年行动计划、五年行动计划、脱贫攻坚大会战、兴边富民工程、加快推进少数民族地区经济社会发展意见等若干重大措施和方案。但是，在资源开发的过程中仍然存在机制不畅等问题。比如云南是水电大省，但是，水电开发基本上都是"国"字头的大公司，利益分配不合理，地方政府、地方民族居民参与分配的力度明显不够，同时，电价定价权不在地方，对云南形成电力拉动的"魔咒"，民族地区力求通过电价优势形成发展优势就严重受限。此外，在资源开发过程中，自然资源价值没有充分体现，生态补偿不够，致使居民生态利益不同程度受损，给后代的生存发展带来危害。现有的补偿标准过低，补偿方式带来的效果难以达到开发前的水平，而且补偿的短期性对后代的发展不利，开发地区的居民没有有效地参与到开发利益共享机制中去。一方面开发资源支援国家建设；另一方面生态关键地区禁止

---

[1] 惠泽宇：《民族地区资源开发过程中利益保障研究》，中央民族大学博士论文，2013年。
[2] 同上。

开发，当地居民履行的保护义务反而加重。截至 2016 年，在云南，列入国家和省限制和禁止开发的民族自治地方县有 60 个。

（四）少数民族利益实现的体制机制改革滞后

由于历史等多方面原因，民族地区政府普遍存在利益实现体制不健全、改革不彻底，效力低、竞争意识、紧迫意识淡薄，对财税及投融资体制改革力度不够，资源税率低，且资源税收分配上不合理，资源效率低下，发展环境差。同时，在发展过程中，鼓励支持诸如农业专业合作组织的措施、制度不健全，社会组织发挥利益实现的渠道不畅。民族地区居民对这些积重难返的旧习充满渴望冲破的急迫心理。

三　少数民族利益实现方式

实现少数民族利益的方式事关利益实现的解决途径和程度，进而关涉到少数民族对自身发展状况的认知度、满意度等情况。考察当前少数民族利益实现方式对分析各利益主体对社会环境、政府政策及涉及到利益问题解决的态度极为重要。目前看，民族地区利益实现方式主要有直接的方式和非直接的方式。直接方式主要是物质利益的直接获得，非直接方式主要是通过能力的提升获得的潜在利益实现方式。前者更为直接，往往具有较强的吸引力，利益调动功能效果及时。后者是持续性的利益实现方式实现，潜力巨大。

（一）物质利益直接获得方式

1. 少数民族通过生产性劳动和经营直接获得物质利益

这种方式是最基本的获取利益方式，但是，因受自然环境的制约，少数民族群众从土地获取的农作物带来的利益相对匮乏，远远不能满足相应的发展需求，甚至有的地方不能解决除温饱之外的教育、医疗等问题。因此，在生产过程中，谋求多样化发展、利用环境条件、发展林下经济、种植经济作物、养殖等，还有的发展乡村旅游业。这些都是环境条件相对优越的地区，对于环境非常恶劣的群众而言，这些出路较为狭窄，发展困难。

2. 公共基础设施建设带来的直接物质利益

随着"一带一路"建设推进和云南面向东南亚南亚辐射中心的建设加速，国家在公共陆路交通、航空、水上交通建设投资力度加大。陆路交通方面，高速公路主干线、边境巡逻道等密集展开，以高铁为主的铁路网建设，以空中通道长水机场为枢纽、以地方支线机场、通用机场为主的机场建设全力提速，以中缅油气管道为干线的油气通道网络等一大批公共基础设施建设的推进。可以带动当地少数民族就业，获得相应直接劳务收入，同时为今后的发展夯实基础条件。这些建设投入具有较强的经济和社会发展促进作用。比如怒江州修建高速公路和贡山通用机场能够为当地经济发展带来现实和未来多种效益，当地民众对项目持积极欢迎态度。

3. 资源开发获得的直接物质利益

资源开发的利益共享能够为当地居民带来直接的收益。矿产资源开发让当地居民参与对矿产资源开发的利益分配中去，矿业企业优先将相关工程发包给当地村寨，雇佣当地村民，并将有关生活性服务的行业交给当地居民经营，使他们获得一定的开发收益。矿业大企业从开发收益中提取一定的比例，用于当地居民补偿或该地区公共设施建设，当地政府通过扶贫的方式提供给村民一部分资金入股到企业当中，让他们成为开发企业的股东，享受矿产资源开发带来的实惠。旅游资源开发将社区居民作为发展主体，形成开发企业、社区居民之间多方互惠互利的合租记之，既增加居民收入，又能够顺畅地解决开发者和当地居民之间的可能矛盾。对于水电、风能、太阳能等可再生资源的开发，给予资源地居民合理的经济补偿。这些都可以给居民带来一定的物质利益。

4. 国家直接投入带来的物质收益

国家推行的兴边富民工程、精准扶贫、生态直补等多种重大措施给少数民族带来直接的物质利益。在获得相应直接利益的同时，还通过项目直补方式，鼓励支持居民因地制宜发展特色产业，增强直补拓展效应，比如，国家实施的特色村寨项目，根据申请立项直接补助资金进行建设，农户结合自身实际情况找准项目，获得部分资金支持，同时，国家还在技术、管理、销售等方面给予扶持。目前，民族地区实施的农村电商计划，采取直补方式鼓励电商发展。

（二）实现民族利益的非直接方式

发展民族地区经济、缩小区域发展差距，支持各少数民族发展，巩固共同发展、共同繁荣的民族关系，建设地方巩固国防等是全面建成小康社会的应有之义，其中，少数民族经济社会的发展与利益的实现是最核心的目标。最大限度地吸引广大少数民族积极参与，充分照顾到他们应得的利益和权力，让他们分享发展成果是民族地区稳定的前提。大力发展教育，提高劳动者素质。教育扶贫是真扶贫，教育带来的利益实现是真实现。虽然，教育不能带来直接的财政收益，但是，教育是运筹性的生产力，所带来的收益增长是根本性的、持久的。劳动者的素质提高可以对经济社会的各类生产要素进行提质增效。此外，充分利用少数民族文化资源，创新旅游模式，开展文化旅游，展示少数民族丰富多彩的文化，以此吸引游客，增加收入。

第三节 结构分层和利益分化引发社会风险的可能性分析

社会结构分层和利益分化是社会转型的必然结果，使社会要素呈现多样化、开放性、流动性等特点，这样的发展现状和趋势对社会稳定来讲具有双重作用。一方面阶层分化对整体的社会结构要素之间的缓冲与碰撞起着积极作用；另一方面，正是因为阶层、利益的分化导致一些现实和潜在冲突不断增加，阶层间的矛盾鸿沟日益扩大，社会公平治理的难度当然随之加大。就目前民族地区的社会矛盾来看，阶层分化和利益差距拉大是根本原因。

一 经济利益分化引发不满情绪

经济利益分化与社会不稳定之间到底存在一种怎样的量化关系，或者说，经济利益分化引起社会危机能不能以一种精致的数学方式来实证把握，对于任何研究者而言恐怕都是难以做到的，换言之，当我们对经济利益的分化如何引发社会冲突时只能是盖然性的去揭示，无法用数学计算的方式去一一对应的找出二者之间的决定与被决定的关系。就现有的线下调查的研究成果分析来看，凡是在分析到影响社会稳定的原因时，都把经济利益分化作为重要影响因素，有的则直接从贫富差距视角来探究社会矛盾激化的原因。[①] 纵观历史发展的经验，不同群体和个体的绝大多数占有的财富水平没有太大悬殊的情况下社会稳定性较强，或者绝大部分社会成员富裕程度和贫困程度没有太大差别时社会基本上处于稳定状态，但是，这两种情况都不是常态，经济利益分化是常态。某种意义上，正是社会结构分层、社会利益分化才不断推动社会向前发展。那么，为什么当下，社会利益分化会在不同地区以不同方式导致社会矛盾的激化，产生一些影响社会稳定的恶性事件，比如刑事犯罪高居不下，还有一些被称为影响社会稳定的群体性事件的不断发生？这里有固然有深层次的综合原因，然而，在经济体制、治理结构、利益分配机制、利益增长机会等多方面因素致经济利益差距持续扩大且

---

① 胡联合、胡安钢：《贫富差距是如何影响社会稳定的？》，载《江西社会科学》2007年第9期；谭贤楚、朱力：《基于社会转型的贫困问题及其治理》，载《中国改革论坛》2013年6月29日；赫剑梅、马忠才：《西北民族地区社会分化的基本特征及其对社会稳定的影响》，载《前沿》2016年第5期；颜德如、迟晓蕾：《"中国梦"对共同体价值的重塑及其政治意义》，爱思想 www.aisixiang.com/2014年8月29日10点；徐贲：《"密友资本主义"背景下的社会冲突：当今中国的贫困和暴力》，http://blog.renren.com/share/264820607/7989706023 等学者的相关文章对此持同样的观点。

不断固化的情况下,人们为改变自身经济地位进而获得更好的其他权利而无能为力时,就不可避免出现对现有富裕阶层的负面看法。而富有阶层则鄙视底层,并顽强的捍卫自己固有利益,二元分裂的趋势十分明显。就民族地区的经济利益分化而言,有几个方面需要深度洞察:一是民族地区与其他发展地区的差距形成日益扩大的经济差距,对民族地区来说产生的发展压力如果长期得不到重视则会转化为对政策和发展机会的强力诉求;二是民族地区内部的利益分化势必给不同民族带来心理紧迫感,大家对利益的合理分化,对遵循发展规律的分化没有太多的怨言,但是,对不合理、不公正的严重分化意见极大,利益的不正义分化对社会成员团结的基础起着巨大的瓦解反向作用。同时,认为政府有责任去解决和应对这种分化。

二 资源环境开发与保护受益程度低产生受剥夺感

客观来看,我国少数民族地区资源富集,蕴藏着极其丰富的物质资源,丰富的矿藏资源是民族地区经济社会发展的基础,是民族地区实现经济增长的重要保障。资源环境开发是促进经济发展的重要举措,西电东送、西气东输、西煤东运等重大工程是资源环境开发为国家经济发展提供强大支撑的集中体现。资源环境开发对当地居民收益的影响需要从几个方面进行分析:一是随着经济发展转型推进,国家能源开发进入民生和环保约束阶段,资源环境约束趋紧,同时,生态文明建设要求加大对环境的保护的力度,主体功能区的建设设定了禁止开发、限制开发的区域,由于相关体制机制配套跟不上,有些地方工作方式粗放,存在"一刀切"的现象,居民依托环境获取直接物质利益的途径日益狭窄,一定程度上,参与保护的居民利益减少,而相应的生态补偿标准过低,因环境保护而丧失的机会成本加大;二是在已经开发的项目中,因"开发移民持续发展政策不到位,导致移民后续乃至长远生存、发展存在利益减少的危机，治理压力较大"①。一些因资源开发而被移民的居民不断诉求，矛盾隐患突出；三是矿产资源开发过程中，因矿产开发机制存在严重缺陷，一些开发企业往往是非公经济主体，在垄断和追求利润最大化的经营策略下，只顾开采赚取超额利润，不顾生态环境失衡，大多导致环境恶化给当地居民造成生态剥夺，甚至衍生金属污染而带来的诸如健康问题。比如，原云南兰坪县铅锌矿的开采给附近居民带来的环境污染即是例证。另外，超大型资源型企业是国有企业开采的，资源税很少，中央给地方的财税转移有限，导致资源地居民使用资源的价格比非资源地区还要高，引发资源丰富的民族地区民众不满，比如"新疆煤气价格比上海还要贵"②；四是新的能源开发，在土地、体制机制方面存在不健全的情况，特别是利益分享机制滞后，导致民族内部一些强势力量强行推进开发项目，而忽视当地居民利益的情况。比如，云南在光伏项目建设过程中，个别地方征地时利益分享不公平，居民应分得的补偿利益被挤压、缩水导致部分群众意见较大。

三 利益表达渠道不畅产生不同阶层间信任流失

利益表达方式可以分为参与式表达和非参与式表达，前者是利益相关者以现有的政治、经济过程为基础通过自身的能力参与到相应的利益诉求中去的一种表达方式，比如，参与征地拆迁补偿的谈判过程等，后者是以参与决策过程外的方式进行利益表达，包括事后的非参与性救济，如上访；还包括运用自己的力量和行为通过法律法规及政策规范外的渠道表达利益，比如，个人或邀约利益共同者以聚集、围观、散步甚至是做出以健康或生命自我残害的方式进行。不管哪种方式都存在利益表达不畅的问题。前一种方式的参与

---

① 云南省能源局：《云南省"十三五"能源发展策略研究综合报告》2015年1月。
② 施雪华：《当代中国的社会问题及其治理创新》，2015年3月16日在广州岭南大讲坛·文化论坛的演讲。

者的参与能力、谈判水平以及与相对利益方的博弈过程都可能导致在不同环节出现利益诉求中断、停止、瓦解的状况。后一种方式基本上是在正常渠道受阻之后无望而做出的诉求选择。利益表达不畅最典型的当属上访活动。上访作为一种解决利益诉求者的重要渠道，也是党和政府了解民意的重要方式之一，理应发挥更大作用。但是，现实中上访的作用十分复杂，本来信访机构的设置是为了了解群众疾苦、倾听民意呼声、解决矛盾，而实际工作中信访变成了压、堵、截的一个职能部门。有些地方，上访并没有成为群众利益表达的良好渠道，反而成为一个"鸡肋"。有研究表明，"利益表达渠道不畅与弱势心理的产生呈正相关性、利益表达渠道不完善与公平感负相关、与被剥夺感正相关"[①]，而弱势心理"将导致社会关系恶化：互不信任、沮丧和绝望的情绪弥漫整个社会，不利于政治稳定"[②]。此外，利益表达渠道受阻产生的原因之一是利益表达者与其他阶层之间没有一个可以共同信赖的中介组织，彼此之间难以构成真正的信任共同体。比如，村委会作为基层自治组织应该成为村民利益诉求的信任受托者，但事实是，村委会在很大程度上沦为利益表达者的对立方而不被信任。

四　发展困境的代际传递产生怨恨积累

随着利益分化的加剧，处在经济困境的边缘化的群体，在获得优质教育资源、获取更多更好的发展机会方面处在艰难境地，尤其在以亲亲关系为重，被穷文化、富文化包裹的网络中，难以实现地位逆转，往往具有困境代际传递的刚性特征。上一代没有能力改变经济状况，下一代往往是子承父业，早早中断学习进入低位劳动者

[①] 赵书松、文慧洁：《利益表达渠道与民众弱势心理产生的影响机制实证研究》，载《中南大学学报》（社会科学版）2015 年第 3 期。

[②] 王清、李海兵：《论公平与效率的互补关系——以相对剥夺感与企业生产率作为置换变量的分析》，载《湖北行政学院学报》2007 年第 4 期。

大军中，重复上一代人的收入方式和生活方式。代际贫困的原因是多方面的，社会结构的问题、制度供给的问题、历史原因等，但从长远看，主要原因是教育问题。根本上而言，教育才是阻断代际贫困的出路。但是，多民族地区的教育资源、水平、质量、教育竞争力等都处在落后状态。民族地区的教育事业发展滞后，"普九"质量偏低，尤其是乡村撤并、网校调整后，偏远地区少数民族学生就学难的问题突出。根据第六次全国人口普查，云南全省平均受教育年限为7.6年，25个世居少数民族中，有19个民族人均受教育年限低于全省平均水平，其中，苗族、瑶族、傈僳族、拉祜族、德昂族5个少数民族人均受教育年限还不到6年[①]，有些小学生未毕业就辍学回家务农或外出打工了。进了城里从事的都是低端的劳务工作，工资水平很低。市场经济的残酷竞争和市场利益关系的固化，给他们提供的从事个体经营的机会少之又少。生活的贫困并不必然导致对抗社会的严重冲突，但是，贫困的代际传递会产生怨恨的积累，遇到导火索不可避免地会点燃这种情绪。

五　非政府组织发挥作用有限

非政府组织本质是共同体，具有共同的意识特点和凝聚组织成员共识的作用。作为多民族地区，云南非政府组织很发达，被誉为NGO的摇篮。这些非政府组织在经济社会发展中发挥着重要的补充作用，但是，在代表居民进行利益调适、利益表达、作为个体成员与政府进行沟通时还有更大的作用空间。目前活跃在云南地区的非政府组织主要是一些境外的非政府组织、国内的非政府组织，在减贫、儿童教育提升等方面发挥着重要作用，居民对非政府组织的认知性上多持积极态度，但是整体来看，非政府组织对成员的整合作用还存在不足，受众民族居民与非政府组织的关系并非共同体关

[①] 内部资料：云南省民委：《云南省"十三五"促进民族地区发展思路和对策研究》2015年1月。

系,只是项目实施者和受惠者之间的松散耦合,特别是大量的各类本地的基层组织的功能并没有很好的发挥出来,广大居民一家一户就是一个传统的生产单位,个人就像一个自由运动的原子一样,没有纳入到一定的组织当中去,无归属感,遇到利益纠葛,需要进行诉求时,往往没有一个组织来代为表达,出现表达不力的情况,最后可能会走向极端。比如,在云南当下紧锣密鼓的精准扶贫中各类农业专业合作社的作用有待充分发挥。"农村要把扶贫做好,农民的权益要得到更好的维护,农业专业合作社、农民专业协会必须建立起来,更好地发挥作用,为贫困户脱贫致富服务,维护农民的权益。据当地的一些干部讲,现在农民专业合作组织发挥作用不太大,但我认为这非常重要。政府确实是想给老百姓做好事,但是,不能大包大揽;企业是追求利益的,一不小心就会被利益化。所以,一定要有农民专业合作组织,而且要发挥作用,把农民的意愿反映给政府和企业。另外,现在扶贫工作任务重、时间紧,基层党委政府全力投入,但是,有些事情还是做不过来,需要社会组织的力量来参与,解决公共事务问题。"[①]

[①] 向春玲:《云南少数民族地区如何推进精准扶贫》,中国网 http://www.china.com.cn/ 2016.9.3。

第三章 非政府组织与社会治理的关系

通过对非政府组织的检索研究发现，除了一些政府设置或支持的非政府组织，比如各级法律援助中心、妇女儿童权益维护中心、青少年发展基金会、社区服务中心、农民工权益维护中心、律师维权协会等组织之外，非政府组织直接定位为维权类的组织较为鲜见，绝大部分非政府组织都不会将自己的自治功能鲜明地定义为维权组织，特别是一些正式备案（登记）的非政府组织更不愿意登记为维权性质，当然，大量活跃在民间的、维权类的草根组织会以实际行动及其他方式向公众展示维权性质。虽然，登记的非政府组织没有表明维权性质，但是，这并不意味着非政府组织与社会稳定没有关系，也不意味着一提起非政府组织与社会稳定就直奔非政府组织直接参与社会治理活动而带来政治问题的意象。事实上，当我们在分析非政府组织与社会稳定关系时，应当将视野放大些，不仅仅看到非政府组织参与治理的直接活动和绩效，更要注重正视非政府组织为社会稳定所做的广义努力，比如，非政府组织扶贫、支持修建校舍、妇女儿童权益保护、禁毒、救灾等能够提振受益对象的发展信心，减弱怨气。在研究非政府组织与治理的关系时，眼光不能只盯着自身能力强、建设规范、项目实施效果显著的国内外非政府组织，应当随着社会治理方式创新进程，关注点下移至基层社区大量社会组织在治理中的作用状况。特别是十八大以来，在全方位推进社区社会组织建设的今天，基层社会各类社会组织在社会治理中的作用日益凸显,为研究提供了良好的环境。尤其是结合民族地区的社区非政府组织就地取材的特殊性,依托民族习俗、体现民族特性的特点来分析。

第一节 非政府组织与社会治理的正向关系

社会治理的压力主要来自社会底层,农村和城市社区是治理的重要领域。民族地区的稳定中心也是在社会基层。从民族地区非政府组织的活动规律看,非政府组织都是在基层村庄、乡镇学校、城市社区等第一线提供相应社会服务,农村和城市社区是点对点活动的重要领域。目前正在大力推进的社区社会组织建设其成员基本上是以民族乡镇、民族村、城市社区为基本单元,越来越多的基层非政府组织的活动成为沟通居民与政府的中介纽带和桥梁,具有缓冲和稀化功能,能够提升基层政府的信任度,对政治机会结构的重塑也有积极意义,并有利于稀释、化解社会矛盾。

一 非政府组织对提升政府信任度的作用

政府信任是政治信任的核心,政治信任是公共信任的实质。政府信任就是"民众对政府或政治制度抱有的信心。简单来讲,就是民众相信政府会制定符合民众利益的政策并提供其预期的政策结果。政治信任下降所带来的直接后果就是不管在现实之中抑或在虚拟的互联网场域内,群体性事件此起彼伏、高居不下,公民的抗争形式日趋多样"[①]。很多学者将政府信任看作政府公信力,这些年来对这一问题的研究热度不减,取得了丰硕成果。基本看法较为一致,研究结论都认为政府公信力不高,特别是作为代表政府形象的

---

① 张书维:《政府信任度的影响因素及提升路径研究》,载《人民论坛》2016年第9期。

公务人员在群众心目中的信任较差,"综合分析1990—2009年20年间的几大权威调查,研究者发现中国公民对公务员的信任长期稳定在一个较低水平。有道是'恨屋及乌',民众对一线公务员的不信任自然容易泛化为对其所在机构和政府的不信任"[1]。在各类媒体的报道中,公务人员的信任度也有差别,相对于电视、报纸、政府网站等媒体而言,以微信、微博、移动网络平台为代表的新媒体、自媒体表达的观众看法更倾向于关注公务人员的负面形象,而且这种负面形象会扩散、传染,这就降低了公众对政府的信任度。但是,公务人员特别是基层公务员也有一肚子苦衷,认为每天"白加黑""二加五"的苦干,待遇相比个体、国有企业、私企老板等不尽如人意,觉得群众要求高,众口难调。公务员为群众着想,做出成绩,群众并没有表现出明显的积极称赞和鼓励行为,总认为那是你应该的,人家公务员做错了事,就成为大事从而揪住不放,为什么会陷入"塔西佗陷阱"(公元前罗马思想家塔西佗发现民众对政府无论做好事还是错事都认为是错事的现象,后人叫做塔西佗陷阱。)世上哪有不犯错误的圣人?其实这也不是公众对公务员要求苛刻,实际上,这种现象是政府公信力低的反映。民族地区的公众对政府的信任同样存在信任度较低的情况,而且呈现出政府级别越低信任度越低的正相关性,对中央政府的信任度较高,对地方政府的信任度低,为了诉求有的不断越级上访就是这种公信力递增的表现。通过近几年发生在民族地区的群体事件分析看,都存在政府公信力不高,以致政府公务员在处理问题过程中没有人相信其所言,包括现场承诺也得不到群众的认可。比如,2008年的孟连事件、2011年的绥江事件、2014年的晋宁事件政府在处理过程中明显的处于失信地位,政府人员无论如何讲,参与者就是不信,政府就动用暴力机器来处

---

[1] 张书维:《政府信任度的影响因素及提升路径研究》,载《人民论坛》2016年第9期。

理，最终致事态严重失控酿成影响极其恶劣的重大事件。

信任是什么？一般意义上，信任就是人对人的认可，特别是对陌生人的认可。那么政府作为公权力行使部门，为什么公信力如此不尽人意？到底是什么原因导致公信力严重不足？如何才能取信于民，如何才能提升政府公信力？这些都是摆在政府面前的重大问题。其实很简单，就是说话有人听，做事有人信。政府的公信力也必须符合这两个方面。问题是目前公众在利益诉求中对基层政府的信任流失的很严重，个体或群体与政府之间缺乏相应的信任交汇点，也就是二者之间呈现信任断裂状态，如果有个具有双方共同信任的第三方则问题就容易解决，矛盾就很有可能化解在初级阶段。如前所述，非政府组织特别是散布广泛的社区非政府组织对居民而言信任度较高，因为这些组织在提供社会服务、支持教育、禁毒防艾、济贫帮困、关爱弱者等事务时很少侵犯居民利益，各类援助的项目也都能够兑现，说到底都是做有益于当地群众的好事，向群众索取的少。因此，如果非政府组织介入利益纠纷并以独立的第三方立场在群众和政府之间架起沟通的桥梁是很好的选择。非政府组织在提升公众对政府信任度方面可以起到多方作用。一是代表居民与利益相对方（包括政府等）进行谈判、协商，避免大规模集体诉求；二是非政府组织运用自身优势，以理性方式向建设方或政府表达居民意愿。非政府组织可以运用技术工具，比如搜集民意、评估诉争、利益价值、沟通媒体合理公布诉争信息、借用人大代表或政协委员的力量为民众争取利益等，将事件控制在合法范围内，而不至于使事件向着失控状态演进。

二 非政府组织对社会治理过程中的政治机会结构的转变影响

政治机会结构理论源于西方，"它主要侧重于研究社会运动所处的政治环境以及运动参与者所能获得的外部资源，强调法律政策的变动、政治制度、精英的同情等如何影响抗争者的行动策略、抗争潜力、抗争频率和组织形成等"①。这一理论对分析我国多民族地区非政府组织对社会治理过程中的政治机会结构的转变影响具有借鉴意义。从该理论的兴起和演变看，美国学者艾辛杰于1973年最早提出这一概念，"他把政治机会结构看成是民众对当地政府的影响力的参数，发现抗议发生的频率与政治机会结构之间有一个曲线关系：政治机会结构非常开放或非常封闭，抗议不太可能发生，当某个政治结构既有开放特征又有封闭特征时，则抗议最容易发生"②。其后的美国学者麦克亚当则强调政治机会结构有四个维度，即政治的开放程度、行政体系的分化、精英中有无同盟、国家镇压的能力与倾向。总体来看，政治机会结构关注的是一种外部资源的理论，这些外部资源主要包括政策的倾向、民主参与渠道、技术理性支持、媒体力量运用、社会组织等方面。国内学者在将政治机会结构理论本土化的过程中，进行了卓有成效的工作，大部分集中在环境抗争的个案分析上，吴阳熙区分了政治机会和政治限制，并分析了我国环境抗争的渠道和受到的限制。③ 郇庆治研究了环境NGO参与环境运动的政治机会结构的表现，并提出环境NGO融入中国环境运动甚至引领环境运动的公民社会创建的总体性战略。在他看来，虽然目前中国的环境NGO数量多达3276个④，但是，参与环境保护运动较为保守，或者隐居背后，比如著名的自然之友在厦门、什邡、启东、大连、昆明PX等备受媒体和社会关注的街头环境抗议采取了"隐身"策略，尽管如此，大家还是心知肚明的认为这些组织必然在背后起着推手作用。还有的学者把政治机会结构理

---

① 朱海忠：《西方政治机会结构理论述评》，载《国外社会科学》2013年第6期。
② 朱海忠：《政治机会结构与农民环境抗争》，载《中国农业大学学报》（社会科学版）2015年第3期。
③ 吴阳熙：《我国环境抗争发生的逻辑——以政治机会结构为视角》，载《湖北社会科学》2015年第3期。
④ 郇庆治：《"政治机会结构"视角下的中国环境运动及其战略选择》，载《南京工业大学学报》（社科版）2012年第4期。

论运用至征地拆迁的抗争研究,如文宏、戚晓雪在《政治机会结构与民众抗争行为的策略选择——基于兰州市宋集村集体土地纠纷案例研究》将政治机会结构理论扩展至土地纠纷中的民众抗争行为研究领域。[①] 祝天智认为:"当前农民维权行为的特点很大程度上是由农村政治机会结构的特点决定的:一方面,农村政治机会结构的改善为农民维权行为的激增提供了条件;另一方面,政治机会结构的缺陷又限制了农民维权行为的效能。要避免农民维权行为的无序化和暴力化,解决农民维权与政府治理之间的尖锐矛盾,必须尽快改善农村政治机会结构。"[②]

非政府组织作为推动政治机会结构转变的作用,主要体现在:一是充分发挥自身优势为利益诉求主体提供相应的技术、知识等支持,引导抗争行为在不违反现行法律规范的前提下获得政治支持;二是运用非政府组织自身的网络,动员技术专家、社会精英、法律专家的参与,积极推动政治机会结构的转变,朝着有利于维权者的方向发展。民族地区的政治机会结构具有典型的双重性:一方面,民族自治法及民族地区的自治条例、单行条例赋予少数民族享有自治性的经济、环保、人才、教育等方面的优惠权利,当这些权利受到侵害时,民族地区民众在维权时拥有合法性自信,不太担心和恐惧维权、抗争违法被压制;另一方面,少数民族的抗争也受到诸多限制,利益集团参与下的政治机会结构往往会导致地方政府站在维权者的对立面,中央对农村和社会底层的利益保护政策到基层就可能就会被化解掉。比如,在少数民族地区开发移民的权利保护问题,中央从保护农民利益的角度都是严惩危害农民利益的行为,但是这些政策具有模糊性,不太具体,这样就会被当地政府以治理为名将群体性事件定性为闹事,采取强硬手段治理,限制抗争。比

---

① 戚晓雪:《政治机会结构与民众抗争行为的策略选择——基于兰州市宋集村集体土地纠纷案例研究》,载《南京农业大学学报》2016年第5期。
② 祝天智:《政治机会结构中农民维权行为及其优化》,载《理论与改革》2011年第6期。

如，2011年在云南昭通绥江县发生的移民维权群体性事件就说明此问题。当然也有成功的案例，2004年怒江开发事件，环保人士利用了中央的政策将公众的意见输送给国家，在专家、政协委员的共同努力下，利用国家和云南地方对于开发怒江的认识差异，国家层面吸纳了环保人士的建议，达成不易开发的共识。

三 社会治理的新情况对非政府组织的要求

近年来，治理问题成为全社会关注的十大难题之一（2012年公众推举为第八大难题），在社会转型发展的历史时期，治理成为关乎中国特色社会主义和谐发展的根本事业。在治理过程中，各级政府为了求得社会稳定，强化社会管理，投入大量人力物力，动用暴力机器采取高压政策，强制性的实现静态稳定。随着社会日趋多元，利益日益分化，价值观念越来越复杂，这种治理方式已经走到"体制性治理"的怪圈，引起社会的强烈不满。这种治理方式并没有从根本上改变群体性抗争的多发，有些事件影响更为严重，比如2014年云南晋宁事件，冲突双方均有人员伤亡而且是重大人员伤亡（死亡8人，且有7人是被活活烧死的，现代社会还有如此抗争，显然与文明发展严重背离）。[①] 当然，这种抗争的最后结果也难以达到抗争的初衷。2016年2月份昆明市中级人民法院以刑事案件进行了审理，事件的主犯受到极刑惩罚。[②] 但是，并没有公开信息显示矛盾令人信服的解决了，法律的严惩暂时平静了矛盾纷争，那么，平静之下涌动的仇恨是不是也烟消云散，值得深入关注。另外，社会群体性事件中，征地拆迁引发的纠纷数量有微弱下降，而劳资纠纷、集资纠纷、环境抗争、邻避工程、公共安全（食品、金属中毒等）类事件呈高发态势，整个社会矛盾纠纷暗流涌动。严酷的现实反映的是治理思维的陈旧、落后，容易把社会治理等同于社会严格

[①] 瞭望新闻周刊，2014年10月28日跟踪报道。
[②] 人民网http://www.people.com.cn/2016.02.05。

控制，在这种严控思维的指导下，将人人为隔离，富人区与穷人区、城里人与乡下人、官民等二元对立模式，全社会都在反思这种模式与方式。要跳出这种治理困境，必须实现治理方式转变，力求从根本上改变治理的被动局面。有专家提出由刚性治理到弹性治理、由高压控制到舒缓策略、由政府单一控制到多元合理共治等见解，也有专家试图从根本上解决治理方式板结化，提出实现社会公平才是社会稳定的基础，因此，应当加强社会公平建设。党的十八大报告指出，加强社会建设，是社会和谐稳定的重要保证。必须从维护最广大人民群众根本利益的高度，加快健全基本公共服务体系，加强和创新社会管理，推动社会主义和谐社会建设。党的十八届三中全会进一步指出，要改进社会治理方式，激发社会组织活力，创新有效预防和化解社会矛盾体制，健全公共安全体系。国家层面已经提供了社会组织发挥治理功能的政策支持，社会组织作为多元共治的重要力量逐步得到各级地方政府的认同。少数民族地区通过自治条例的形式将社会组织作为重要的社会建设力量规范下来，如《西双版纳傣族自治州自治条例》规定，充分发挥社会组织在化解社会矛盾和纠纷调解中的作用。社会组织有着与公众联系紧密、对矛盾、供给需求反映灵敏，是基层政府掌握纠纷隐患，提前做好预防的重要渠道。

案例一：大自然保护协会项目运作对增强治理基础的作用[①]

云南是大自然保护协会（简称 TNC）进入中国的首个项目地，重点集中在滇西北地区，其活动的目标是积极与政府和相关科研部门合作，通过引进先进的自然保护理念和技术，帮助保护云南珍贵动植物和自然群落赖以生存的陆地和水域，促进

---

① 案例来源：根据大自然保护协会云南办事处的近年实践编制：http://www.tnc.org.cn/home/richproject? cid = 3。

自然保护与绿色发展相结合。基本思路为，在具体项目设计中，TNC 充分考虑到在生态保护的同时，兼顾当地社区村民的利益，在滇西北成立完全由当地村民组成的滇金丝猴巡护队；发放绿色信贷，帮助社区居民转换旧有的生计方式，采用环境友好型的绿色生计；推动替代能源，减少当地社区为满足取暖烹饪而产生的薪柴消耗，保护森林和生物多样性；同时 TNC 也开展了形式多样的环境教育项目，唤起更多人对当地生态环境的关注。以下根据 TNC 在云南的行动之相关目标，选择三个方面的具体方法为标本进行分析。

1. 项目情况

（1）滇金丝猴保护

自 2004 年 11 月，TNC 启动了滇金丝猴全境保护项目（全境即滇金丝猴所有分布区），该项目旨在：与各级相关管理机构紧密合作，制定滇金丝猴物种保护战略，实现全境保护行动的统一和有序，并针对直接威胁滇金丝猴种群繁育的因素实施近期保护行动。具体包括：建立可持续的合作伙伴关系；加强各基层管理机构能力建设，并通过它们实施具体保护行动；加强科研，减少保护工作的盲动性；建立以地理信息为平台的信息综合管理决策体系。

（2）社区保护地与社区可持续发展

在整个滇金丝猴分布区的居民中，居住着藏族、傈僳族、彝族、纳西族、白族、普米族等多个少数民族。他们的收入主要来源于种植业、畜牧业和非木质林产品的采集（菌类等），由于交通不便和对自然资源利用的限制，人均纯收入偏低。TNC 的项目旨在帮助社区居民寻找替代生计，在提高他们生活水平的同时保护滇金丝猴的生境。具体措施包括：帮助每个保护地根据当地情况制订森林保护的村规民约；提高村民公共资源管理的意识和能力；协助村民制订大多数人都能够参与并有激励机制的巡护制度；为提高巡护质量提供必要的技术培训和装备；帮助启动可持续的替代生计项目，提供必要支持；根据制订的监测指标，对社区保护地进行定期的监测和管理成效评估。

（3）公众宣传

无论是城市里的普通市民，还是项目地的村民，普遍对生态保护的重要性和紧迫性认识不足，对生态保护的参与程度较低。TNC与从事环保教育的国际机构、当地政府、教育机构和社区合作，在项目区开展了一系列的环境教育活动。在丽江数字博物馆，TNC不仅常年为游客提供相关的旅游资讯，同时也为大众带来三江并流世界遗产地的自然和人文知识，努力提升公众的生态环保意识；TNC针对农村社区开展的"自豪"项目，激发了社区群众对当地自然资源、文化资源的自豪感，增强了社区群众对当地生态环境保护的参与，同时也可以更好地配合、支持TNC其他项目的开展。

（4）成果摘介

截至2006年年底，替代能源项目已经在滇西北地区帮助当地农户，建造或安装了10000多个替代能源设施，其中沼气池5279口、太阳能热水器3079套、沼气池—大棚139座、节柴灶2034眼，直接受益农户近9000户，涉及6个县、24个乡、312个自然村。

绿色乡村信贷项目在纳西族、藏族、傈僳族等当地主体民族聚居区的村社中开展。该项目已在云南丽江市玉龙县的海西村、新主村、黎光村，迪庆州香格里拉县的经开区，德钦县的西当村共五个项目点实施，参加的农户达到575户，共发放贷款超过200多万元人民币，已建设替代能源600余套（台），为期一年半的第一期绿色乡村小额贷款在海西圆满结束，实现还款100%。

到2006年年底，通过推广使用清洁可再生能源和效率改进技术如沼气、太阳能、微水电和节柴灶，已有4000个农户减轻了室内空气污染；通过在社区开办培训班、发放宣传挂图和实施替代能源项目，已有50000人提高了对室内烟雾及其健康危害的认识以及有关替代能源技术的知识。室内空气质量监测及薪柴消耗调查结果显示，受益农户或学校的薪柴消耗量显著降低，室内空气污染状况明显改善。

（5）个案

老和是玉龙县海西村的一个普通农户，全家五口人。建一个沼气—大棚以解决燃料及养猪的问题一直是他的愿望，但这需要投入约4000元，这对于一个年收入不足6000元的农户非常困难。绿色乡村信贷项目在海西村的实施给他实现愿望带来了希望。老和参加了海西村能源与创收协会，申请到能源与创收贷款6000元。他计划建一个8立方米的沼气池，配套建5×6米的塑料大棚，养20头猪，每头猪可获纯利80元，6个月一个生产周期可获利1600元，项目实施期18个月共可获纯利4800元，养猪产生的毛利收益可以偿还全部贷款。

2. 对案例的分析与述评

大自然保护协会云南办事处的宗旨是保护生物多样性，在滇西北环境多样且丰富、居民贫困、生产方式和生活方式较为落后等诸种要素相互交织的情况下，TNC的策略是大保护路径，即围绕生物多样性保护，充分解决当地居民过度依赖生物资源的传统方式，构建生物保护与社区建设、居民发展相互嵌溶的生态关系。从整个路径延展和外溢效应看，这种保护与发展并重的模式影响逐步扩大，而且朝着先解决社区发展和居民民生福利提升的方向演进，这种行为的经济和生态意义不言而喻。当我们由TNC的经济、民生意义延伸至其社会价值时，能够符合逻辑的导出对社会和谐关系的积极作用：一是一定程度上解决了当地居民特别是自然保区内的居民在获取生产发展、生活福祉过程中与国家环境保护的严厉政策之间的对抗张力；二是减弱了当地居民因利益获取及利益差距过大而产生的心理积怨，能够在一定意义上减轻了相对受剥夺感的压力；三是在 TNC 连续提供项目的若干年中，特别是对公众不遗余力的宣传中并没有发现其传播对抗性的信息，而是在一点一滴的传播科学知识、生产技能和生态意识；四是 TNC 的项目运作是在与本土非政府组织和相关政府及基层机构合作中完成的，同时，还培育了相应的本土非政府组织，如案例中提到的"海西村能源与创收协会"。从治理的视角看，TNC 的行动在一定程度上为政府主导的多民族地区治理价值理念及方式的变革提供了广阔思路。

第二节　非政府组织与社会治理的负向关系

一　社会治理中的非政府组织被信任程度不高

通过理论研究和经验观察发现，在我国非政府组织、NGO、民间组织和社会组织等几种称呼，公众对它们的认知度和信任度有着一定差异，政府对这几个不同称呼的信赖度也有别。其中，一提到 NGO 多指境外非政府组织，在媒体的报道中，NGO 给人的印象是具有独立精神、公益精神的组织。对这类称呼的组织多为爱恨交加。一方面，NGO 在科技、扶贫、教育、环保等领域给民族地区提供资金、技术、管理、理念、知识等多方面的支持和帮助，给相关的地区发展带来促进作用，受到公众的认可和期待；另一方面，NGO 在提供积极支持的同时，也有个别的 NGO 在提供援助过程中也附加一些条件，或者通过项目支持获取一些受援地禁止带出境外的重要战略资源。比如 2014 年西南某省的一个大学相关机构接受美国大自然保护基金会的支助研究滇西北生物多样性问题，大自然协会要求该大学的某机构将法律禁止出境的种质资源带出境外提供帮助，后被查出予以禁止。虽然没有造成战略种质资源外流，但是，这类NGO造成的负面影响既成事实。一不小心，国内受助单位成为植物猎人的国际NGO的小卒子。还有一些被认为公共知识分子的公知分子接受诸如福特基金的资助后有明显的政治主张，比如，主张宪政中国等，这在国内也引起不同方面的警觉。在我国前不久实施的《境外非政府组织管理办法》中规定了境外非政府组织的管理归口公安部门，也给公众和境外非政府组织本身带来一定负面认知，似乎大家认为境外非政府组织可能就是搅局者才纳入公安部门管理。另外，国际视域下，境外NGO在俄罗斯、中亚、拉美的表现也存在着令人警醒的地方，前些年的中亚颜色革命搅得当事国局势不安，社会秩序混乱。据相关报道，这背后也都或多或少有着境外NGO的影子，信息传播具有传染性，累加报道会强化公众对NGO的负面认知，降低信任度。社会组织是当下及未来我国社会建设的重要力量，受到政府的肯定和支持，在我国语境中社会组织已经被赋予了一些新的积极意义，政府对科技、慈善、公益等类的社会组织给予鼓励、支持、帮助等政策支持，显然政府对这些社会组织信赖度较高。与官方称谓的社会组织相比，尽管非政府组织在外延和内涵上与社会组织差异不大，但是，非政府组织不是官方的正式用语，似乎一讲非政府组织就蕴含着与政府的对抗性，而非合作性，这种认知实际上反映了对非政府组织的消极认识。

　　对非政府组织在治理中的负面认知主要表现在几个方面：一是政府是治理的重要主体，稳定高于一切的信念坚定牢固，在社会治理事件中政府难以控制非政府组织，非政府组织若参与治理多是站在利益诉求者一方，因此，现阶段，政府对非政府组织参与治理的信任度并不是太高。当然，对于一些政府通过法定成程序购买的承担公共服务的非政府组织还是较为放心的，比如，政府对其主导成立的社区非政府组织参与社区矫正持积极态度。二是非政府组织也良莠不齐，确实存在个别非政府组织严重偏离其自身属性目标的情况，比如2015年以曾飞洋为主成立名为"番禺打工族文书处理服务部"的非政府组织，接受境外非政府组织的资助，在来利得鞋厂劳资纠纷中鼓动工人冲击工厂，造成工厂数度停工。据其被抓后交代承认在维权中谋取工人的利益等违背非政府组织宗旨的行为。[1]再有，四川凉山有个被称为"义工李白"的公益明星闫伟杰成立汉达社工服务中心，利用慈善捐款的机会占有捐助的资金。[2] 又如汶川大地震时期，据报道，个别非政府组织侵占，捐助善款、虚开发票等行为给非政府组织的形象带来极大损害，以致非政府组织的信任出现流失；三是局外非政府组织参与维权的通道不是十分顺畅，与利益诉求民众既没有成员资格关系，也无任何其他关系的非政府组织参与维权活动是慎之又慎，有内心的恐惧感而不愿参加。同时，公众认为非政府组织维权作用极其有限，导致公信度不高。四是民族地区众多的宗教组织是非政府组织的组成部分，而宗教组织因其自身的特殊性，在治理中的信任度较为复杂；五是虚拟非政府组织在一些事件上的推波助澜，误导公众，客观上也给非政府组织的信任造成非正向看法。

二 非政府组织挑战政府的可能性

破坏社会治安治理事件发生的根本原因难以归结于政府的行为所致，但是，维护社会和谐有序一定是政府的重要追求，为追求和谐有序的治理目标，政府会不遗余力采取一切方式维护社会安定有序，换言之，采取什么样的治理方式是在政府主导下选择的。政府

---

[1] 新浪网 http://www.sina.com.cn/2015.12.23。
[2] 《南方都市报》2016年6月11日。

为追求治理效果，在运用国家暴力机器、政法手段等措施的同时，或被迫或有意识的考量社会因素，特别是在获取影响社会秩序事件酝酿、爆发的信息资源方面社会力量是重要的依靠。非政府组织作为社会力量的重要成分，在治理事件上与政府之间必然形成错综复杂的关系。近年来，研究非政府组织与政府的关系是热点。西方学者纳贾姆认为，非政府组织与政府之间必然存在紧张关系，政府与非政府组织都会针对彼此"目标"和"策略"的差异采取不同关系，即非政府组织与政府之间的 4C 模式：合作型关系、互补型关系、冲突型关系、吸纳型关系[1]，美国学者丹尼斯·杨将非政府组织与政府的关系概括为三种模式：补充模式、合作模式和抗衡模式。国外关于非政府组织与政府之间关系的概括的共同点包括对立与合作两大基本方面。国外理论对分析我国非政府自组织与政府关系具有启发作用，但不能直接照搬过来，因为我国社会秩序和稳定有特殊性，尤其是民族地区更为复杂，中央有一体化的设计安排，民族地区有民族自治，享有一定的自治权，在统一并适当分权的情况下，非政府组织与政府之间不是简单的对抗和合作模式，基本存在着依附型、主导型和自住型三种关系类型，因此，政府对非政府组织多采取分类管理的策略，对服务社会、经济、教育发展，与政府目标方向一致的非政府组织则给与积极支持，对可能形成集体动员力量，具有潜在社会危险的非政府组织则给予相应限制。那么，哪些组织可能形成挑战的可能性比较大呢？主要是一些具有形成事件共同体行动的非政府组织抗衡的风险大些，传统认为，宗教组织、某些境外非政府组织、影响大的环境 NGO 和网络虚拟非政府组织可能性较大，而分散在社区的众多诸如义工服务中心则相对弱、小些。这里的大小并不是说这些组织的目的是与政府抗衡、对立，也不是抹黑这些组织的性质。非政府组织本身就是相对于政府

---

[1] 环保网 http://www.chinaenvironment.com/2013.04.18。

而言的，其拥有相对独立性极为正常。非政府组织与地方政府博弈不意味着与中央政府抗衡，在一些领域中央政府的政策指向可能就是非政府组织行动的合法性来源。

第四章 多民族地区非政府组织与地方治理的关系

第一节 多民族地区非政府组织分析

一 多民族地区非政府组织发展现状

我国民间公益活动的历史源远流长,在中国经济社会发展的每一个历史时期都可以找到当代非政府组织的雏形。非政府组织在不同的经济社会发展时期形成了不同的组织形式或类型。民国时期,我国出现过大量受西方慈善模式影响的非政府组织,主要包括一些行业协会、互助与慈善组织、学术性组织、政治性组织、文艺性组织等类型。改革开放以来,我国非政府组织的数量呈现出空前增长的势头,地方民族地区公民社会发育程度远不及发达地区,但是,民众的发展需求紧迫性、民族文化多样性、环境保护因与其民生密联性等特点,非政府组织反而较为活跃。下面以云南为例对多民族地区非政府组织发展现状进行分析。

(一)多民族地区非政府组织发展的阶段性特征

目前,云南非政府组织分为多个层次,彼此之间的数量、分布、能力等方面有一定差异,老牌境外非政府组织和省级准官方及国内知名非政府组织与众多能力弱小的本土登记和未登记的草根组织并存,非政府组织之间能力差距高低明显,彼此之间的信息、知识、项目、人员等要素流动机制尚待健全，这种层级明显的结构状况构成了云南非政府组织的现实生态。

如前文所言，正是因为云南具有经济、社会、安全、文化、民族等比较突出的特点，境外 NGO 十分活跃，无论是数量还是实施项目涉及的领域给人的印象深刻。这是就境外老牌非政府组织而言的，其备案的数量和从事项目的基本情况在前文已有叙述。除了老牌的境外非政府组织之外，还大量存在着准官方的非政府组织，其数量种类在第二章也有明确的阐述。还有活跃在广大城乡社区未登记的一些社团，如老年协会、红白理事会、志愿者协会以及数量庞大的众多公益性、志愿型、非营利性的草根组织。全省 129 个县大部分都有境外非政府组织的项目实施，其中怒江州 4 个县，昭通、鲁甸、丽江、德宏、文山等相关县境外非政府组织活动较多。省级非政府组织和国内、省内知名的非政府组织，其活动重点区域主要在边境县市、经济社会发展滞后、生物多样性重点区及生态建设重要功能区等地区。改革开放以来，从历时性上以功能为坐标分析发现，云南非政府组织经历三个阶段，这三个阶段实际上是非政府组织发展的代际关系。第一代非政府组织主要是老牌 NGO 和具有官方色彩的社团、基金会，主要指青少年发展基金会、妇青工组织、关工委等组织及行业协会，主要支持救济和需要关爱的特殊人群互动，如禁毒防艾、贫困救助、妇女儿童权益保护、环境保护等，此一阶段非政府组织往往是单打独斗，点对点地开展相关工作；第二代非政府组织支持小规模的、地方发展计划，比如初中级教育提升、人员培训、农村社区居民生活设施建设（像饮水工程等）；第三代主要是关注环保、民生领域，提供必要的志愿性服务工作支持，支持社区组织，动员联合建设，有序进入政府释放出来的社会公共服务欠缺的空域，做着必要的社区服务工作，这一时期的非政府组织虽然也存在着良莠不齐、强弱差距明显、能力建设有别的客观事实，但是，整体上而言，包括草根组织在内的非政府组织发展无论是外部环境还是内部治理都有着较大提升和发展。

(二) 地方多民族地区非政府组织发展存在的问题

非政府组织发展具有不平衡性，城市非政府组织的发展情况明显优于农村地区，境外非政府组织、省级非政府组织和国内知名的非政府组织在云南多集中在省会城市和地州政府所在城市，而不发达地方拥有的非政府组织层次、数量不足。同时，我们还要看到，"官办"非政府组织与"草根"非政府组织相比，能够分配到更多的社会资源，而"草根"非政府组织的数量要远远多于合法的非政府组织。非政府组织资金来源渠道单一，最主要的资金来源是政府，政府以各种形式资助登记备案的非政府组织，补贴、拨款、税收优惠等，使得政府资金对非政府组织的发展产生越来越具有决定性的影响。对于大多数草根组织和农村社区的各类协会而言，其发展资金、人员、场所、进入领域受到很大制约，特别是本土的草根公益性自愿组织和带有维权性质（有的也称之异议 NGO）的草根组织发展艰难。在对云南相关地区的定点调查中发现这一问题。

1. 登记问题

众所周知，登记是非政府组织获得服务主体合法性身份的体制安排，随着社会转型和政府职能逐步转变，我国目前逐步开放和降低非政府组织获得合法性门槛，国内非政府组织实行直接登记规定以来，大量的社会团体、非民办组织和基金会登记数量增长较快，但是，大量的草根社会组织由于各种原因登记状况不甚理想。或因政府对社会组织培育措施不到位，或因自身发展条件不满足新的规定，或因有些草根社会组织自身建设能力存在的问题导致不知道新的登记规定出台，等等，需要对非政府组织的登记问题进行法律调整，以获得合法身份。同时，对公益募捐性的组织规定条件较为严格，当然这也是对募捐行为的规范之必要，但是，很多公益募捐则采取打擦边球或者搭便车，利用政策的模糊性，进行公众募捐或众筹，近期发生的罗尔现象即是如此，这些现象需要在登记程序规范中配套解决。"2013年9月初，中共云南省委、云南省人民政府出台了《关于大力培育发展社会组织加快推进现在社会组织体制建设的意见》（以下简称《意见》）。文件颁布后一年，为了了解《意见》的执行情况和效果，2015年初，云南协力公益支持中心抽样调研了全省93个组织，其中符合本次调研的有70家。"[①] 大致情况是，在调查的70家组织中，注册的组织有50家，还有34%的组织没有注册。

表4—1　　　　　　　　　登记情况调查

选项	小计（家）	比例
未注册	20	28.6%
挂靠在其他机构	4	5.7%
社会团体	10	14.3%
民办非企业	非社工机构20	28.6%
民办非企业	社工机构15	21.4%
基金会	1	1.4%

数据来源：云南省政府培育社会组织政策调研报告，2015年1月。

上述数据表明，尽管实行直接登记，但是，相当比例的云南本土的公益组织还是没有登记注册，原因除了上文中提到的以外，还有一个重要原因是涉及政府部门的政策执行力度问题，也就是说涉及政策环境的优化和政策的落地实施。另外，2014年以后，市一级的注册组织数量占了近一半，达41.3%。省级注册和区、县级注册的组织占据了剩余的一半，高达58.7%。从政府有关部门的配合度来看，也存在不理想之处，省外对境外非政府组织登记的配合度还达不到一半的程度，表明云南省外办对境外NGO有着复杂的考虑。

---

① NGO交流网：《云南省政府培育社会组织政策调研报告》http：//www.ngocn.net/column/2015-09-18。

表 4—2　　　　　　　　　登记情况配合度调查

题目\选项	配合度	排名	备注
民政部门	75%	1	
业务主管单位/业务指导单位	74%	2	
税务部门	66%	3	
银行	65%	4	
外事办	40%	5	

数据来源：云南省政府培育社会组织政策调研报告，2015年1月。

日前，民政部公布了《城乡社区服务体系建设规划（2016—2020年）》，对未来发展提出了令人鼓舞的规划指引，该意见对社区社会组织的建设标目是到2020年城市社区平均有不少于10个社会组织，农村社区不少于5个社会组织。但是，云南目前社工发展状况还需要优化，发展还需要提速。表4—3是2016年年底的统计数据，从中可以看出，云南的社工人数2766人，排在全国第23位，但是，云南的社工机构多达180家，超过了上海，而上海的社工人数是2万人，说明云南的社区工作机构的规模小，人数少，但是，社区工作在民间的活动，公众成立社区工作机构的意愿强，不过绝对参与人数不是太多，这种状况与比邻云南的四川相比差距较大。内在分析看，社会组织与经济社会发展大体呈正相关关系。这是本土非政府组织的基本样态，境外非政府组织在云南开展合作的数量、规模就当别论。

表 4—3　　　　　各省社工数据统计（2016）　　　（单位：人、家）

序号	省份	每万人社工数	持证社工	社工机构	行业组织
1	北京	11.66	25082	283	17
2	上海	8.24	20000	147	11
3	广东	5.59	60000	1163	51
4	江苏	4.72	37590	401	26
5	浙江	4.08	22455	432	42

续表

序号	省份	每万人社工数	持证社工	社工机构	行业组织
6	天津	3.34	5070	50余	
7	陕西	2.65	10014	50余	
8	重庆	2.24	6687	120	
9	吉林	2.14	5878		5
10	福建	1.71	6523	150余	5
11	辽宁	1.59	6993	36	17
12	宁夏	1.39	920	25	
13	湖北	1.37	7954	74	19
14	山东	1.32	12944	187	
15	四川	1.28	10412	611	43
16	安徽	1.24	7517	130余	24
17	湖南	0.91	6161	182	3
18	黑龙江	0.90	3457	32	4
19	山西	0.86	3120	33	3
20	新疆	0.84	1931	52	7
21	内蒙古	0.80	2012		
22	广西	0.66	3155	近80	
23	云南	0.59	2766	180	
24	江西	0.55	2478	75	16
25	河南	0.53	5000	82	
26	青海	0.51	300	27	
27	甘肃	0.42	1100	19	
28	河北	0.40	2956	43	12
29	贵州	0.33	1146	50余	
30	海南	0.32	291		
31	西藏	0.08	26		

数据来源：王勇：公益时报，2016—11—19。

2. 资金问题

资金是制约非政府组织发展的重要原因，特别是一些草根公益组织、慈善组织、志愿者组织等因资金问题引起的生存困境十分明显。近年来，虽然社会公共服务领域逐步开放，微小非政府组织可以在一定领域和地区购买政府社会服务获得相应的资金支持，有些发展好的非政府组织以接受境外或国内知名非政府组织项目款项和捐款作为主要资金来源。但是，总体看，一是政府购买社会服务的力度还不是很大，出现僧多粥少的局面；二是购买条件门槛也阻却了一些自身弱小没有业绩或影响力弱的非政府组织获得这一资金的渠道；三是部分非政府组织没有注册，更难获得公开的社会资金来源。同时，税收优惠政策的实施也处于懒惰期，休眠大于作为，给涉及税收减免的非政府组织的资金带来困境。表4—4是在注册的组织中，70%的组织无法享受优惠政策，无法获得捐赠收据，捐赠收据一票难求成了普遍的现状。

表4—4　　　　　　　　　　注册组织优惠享受情况

选项/是否允许减免优惠	小计	比例
是	21	30%
否	49	70%

数据来源：云南省政府培育社会组织政策调研报告，2015年1月。

少数民族地区非政府组织资金来源主要有三个渠道：境外（包括港澳台地区）资助（占52.16%）、国内非政府组织资助（占29.88%）、政府资助（占14.11%）。[①]

除了境外有影响的非政府组织，如香港施乐会、社区合作伙伴，以及国内知名的公益组织，如壹基金、国立基金、阿拉善等对云南相关非政府组织的项目对接过程中的资金注入外，其他非准官方的非政府组织特别是草根组织的资金规模普遍较小，有些资金状况处于断断续续境况。

---

① 李俊清：《少数民族地区社会组织发展现状及社会功能研究》http：//www.mzb.com.cn//html/report/198725-1.htm2011.4.22。

3. 管理问题

地方多民族地区非政府组织的内部治理水平需要亟待提高，内部治理制度尚需完善，决策程序有待健全，决策的依据、决策的信息搜集、决策的实施方案、实施过程等都有待完善。同时，内部结构设置不科学，有的机构设置不完善，缺乏监督机构的设置，议事协商能力还不足，有部分非政府组织是负责人主导和定夺非政府组织发展大事。非政府组织的信息公开程度还有待扩大，公众对非政府组织的知晓度和认同度需要提升和加强。非政府组织形象的塑造和对外合作交流的频次、影响力也存在不足。有些非政府组织利用现代新传媒进行传播的意识较弱，比如，利用微信、微博、社区、论坛等形式进行有效传播自身理念、价值观、项目服务类别、自愿需求状况还没有形成立体化、全面化、高效化的网络体系。

4. 人力资源问题

非政府组织的人力资源状况表现在知识、学历结构、文化程度、行动能力、公众参与意愿等方面，以及国家未来对社会组织发展要求。比如，未来五年（2016—2020年）万人拥有的社会组织和社工人员数量。

据对普洱市景谷县永平镇等地的调查表明，拥有专职工作人员的组织占总量的56.8%，有正式书面组织章程（组织规约）的占72.42%，这些数据表明较以前有所增长，但是，从全面各类非政府组织状况看，组织化、规范化、能力化程度仍存在很大不足。基层草根社会的状况更为明显，人员流动较大，能够扎根长期公益性基层草根组织活动的不多，专职工作人员占全部人员的比例为18.56%，平均每个机构拥有专职工作人员3.78人。从学历结构上看，地方多民族地区非政府组织成员的学历层次普遍不高，大多为大专以下层次，其中高中、初中的比较多，特别是社工人员和老年协会、红白理事会等学历层次更低，本科以上高层次人才缺乏。这说明非政府组织人员能力建设水平不高，与经济社会迅速发展的实际要求有较大距离。地方多民族地区基层非政府组织的志愿者成员中，女性大于男性，这表明了妇女成为基层非政府组织的重要力量，女性具有细心、认真、热心的奉献精神。

5. 活动领域问题

云南非政府组织的活动范围主要在省会、县级、乡镇及部分乡村，活动领域在前文已有论述，从活动领域分类来看，文化教育所占比例达80%左右，健康卫生超过70%，扶贫67%左右，环保42%左右，慈善救助40%，法律援助20%左右，募捐25%左右，非政府组织参与其他活动的占20%左右。直接从事维权活动的所占比例，如果将法律援助和参与大调解的非政府组织算在内，比例超过20%没有问题，而且随着政府治理思路的调整，逐步加强与非政府组织的合作力度，非政府组织以合作角色从事社会治理活动的比重将越来越大，这是必然趋势。

二 多民族地区的特殊性对非政府组织的影响

我国是一个多民族的国家，有55个少数民族，2010年少数民族人口达13379.22万人，占全国人口的8.49%，比2000年增长了6.92%。[①] 少数民族人口在数量上虽属少数，但所处地理位置具有较大特殊性，基本世居于祖国地方地区，占国土面积的64%。少数民族地区社会、经济、文化、教育诸项事业的发展状况与程度，对整个国家的政治稳定、经济腾飞、社会和谐、文化昌明和教育体制等都具有直接关系。民族之间由于语言、风俗习惯、经济生活等不同，客观上存在着认同上的差异。历史上阶级统治者制造的不同程度的民族隔阂，使得少数民族对利益问题往往比较敏感。如果在利益分配和处理利益问题时表

---

① 第六次人口普查：http://www.stats.gov.cn/tjsj/pcsj/rkpc/6rp/indexch.htm。

现出些许的偏颇，就会在少数民族中产生被歧视、被剥夺的心理，为民族冲突埋下伏笔。一旦民族间形成不信任心理，很难在短时间内改变和恢复。

随着改革开放和户籍制度的放开，"我国已进入各民族跨区域大流动活跃期"①，民族地区常住少数人口流出和外来民族的流入十分频繁，对民族地区的经济社会发展产生深远影响，加上世界范围内的民族主义抬头以及国际范围内阶级斗争的暗流涌动，开放社会不可避免地嵌入各种外来势力，对原有社会结构和秩序构成明显冲击。多民族地区民族关系、社会保障、经济发展、文化、宗教、社会稳定等问题日益复杂。多民族地区大部分是我国经济发展较为落后地区，往往是政府提供公共服务能力较弱的区域。因此，当有限的地方公共供给能力不能满足当地民众对公共服务的需求时，由于固有和新生因素的交错叠加与博弈，各种社会矛盾就会日益激化，非政府组织作为一支重要力量参与其中的空间增大，而非政府组织的公共性、自主性、独立性所蕴涵的社会整合功能，为本土居民利益代言和管控机制再造提供了可能。

由于多民族地区的自然环境、基础设施建设、科技水平、人才、劳动力的素质等方面的因素，也会使少数民族地区面临更多的发展难题。问题不断累加，引发这样或那样的新问题和新矛盾，难免引起心理上、情绪上的变化，这些情绪如果不能得到及时有效的缓解和消除，就有可能使人产生过激行为，处理不好就会引发各种冲突，对社会造成危害，影响社会安定团结。特别是从经济上看，多民族地区由于地理环境、自然条件、交通信息、文化教育、思想观念多种因素所致，其经济状况与沿海发达地区距离较大，带来了社会发展的不平衡。

---

① 习近平:《2014年在中央民族工作会议暨国务院第六次全国民族团结进步表彰大会上的讲话》。

云南作为典型的地方多民族地区,"全省有56个民族成分,世居少数民族25个,16个跨境民族,15个特有民族,8个特少民族,是全国世居少数民族最多、跨境民族最多、特有民族最多、人口较少民族最多、实行民族区域自治民族最多、文化最为多样、宗教最为齐全的省份"①。正是这种多样性造就了民族地区需求的多元和情况的复杂,为非政府组织的生存发展提供了必要环境。

(一)经济发展滞后和差距过大为非政府组织参与公益服务提供了条件

经济发展差距和利益分化与社会冲突的正相关性已在前文略有叙述,这里围绕云南少数民族地区经济发展差距进一步进行实证性分析。经济发展滞后和发展差距过大既是各类潜在风险孕育场,又客观上为各类非政府组织参与公益服务提供了条件。主要围绕两个方向进行阐述,一是少数民族地区经济、个人利益分化固化、公共服务等落差带来的发展诉求紧迫感和可能孕育的风险;二是流出和流入的人群带来的比较性心理涨落对利益诉求的影响。

云南具有得天独厚的资源和区位优势,整体发展趋势看好,发展潜力巨大,但是,云南一直属于地方欠发达地区,且省内区域发展差距不断拉大。单就民族自治地区的贫困而言,就呈现广、深、大等特点。2013年,民族自治地区贫困人口340万人,贫困发生率17.8%,高于全省平均水平0.1个百分点,全省80个扶贫工作重点县中,有56个民族自治地方县,占民族自治地方县总数的71.8%;全省少数民族人口比例占30%以上的7010个建制村中,有贫困人口473.3万人,贫困发生率为29.3%,高于全省平均水平11.6个百分点,农民人均纯收入3797元,仅为全省和全国水平的

---

① 云南省民宗委:《云南"十三五"促进民族地区发展思路和对策研究》2015年1月。

61.8%、42.7%。① 同时，基本公共服务均等化程度低，全省8个自治州中有2个自治州未通高速公路，78个民族自治地方县中有6个县未通高等级公路。截至目前，怒江州是唯一一个无铁路、无机场、无高速公路的"三无"自治州。民族地区的教育水平横向差距也日益扩大。据2013年统计，少数民族人口占30%以上的7010个建制村中，大专以上在读和毕业人数仅占总人口的1.2%，远远低于全省平均水平，导致竞争能力和利益增长受限（2013年云南统计年鉴）。就公共财政而言，民族自治地区的供给率很低，2013年自给率仅为26.5%，低于全省12.8个百分点。全省城镇化率较低的怒江州和迪庆州为25.3%和28.7%。为提升发展水平，"十三五"期间大力推进基础设施建设，尽力追赶缩小差距，大电、大路、机场建设提速。这些建设涉及征地、移民搬迁、生态补偿等悠关群众的利益，处理不好必然引发利益冲突导致的社会矛盾。比如，怒江州在大电、大路等建设过程中，隐藏的矛盾风险较大。"2013年上半年，共排查敏感性、涉众性纠纷39起。"② 无明显差异化的贫困引发社会群体性事件爆发的几率小得多，贫困差距的扩大、缩小贫困差距的机会引发社会矛盾的几率倍增，现实感受这些差距的风向标之一是少数民族地区的人口流出和外来人口流入之后，在交往过程中的切实感受体现的。截至2013年年底，"我国少数民族流动人口已经超过3000万，其中大部分都流向东部沿海发达地区"③。据2010年第六次人口普查，云南"同2000年第五次全国人口普查相比，我省各少数民族人口增加了118.4万人，增长了8.37%；汉族人口增加了242.3万人，增长8.59%。少数民族人口增长幅度略低于汉族人口增长，主要是受人口迁移流动等原因的影

---

① 内部资料：云南省民宗委：《云南"十三五"促进民族地区发展思路和对策研究》2015年1月。

② 何娟等：《地方民族地区社会管理创新问题探索——以怒江傈僳族自治州为例》，载《中共云南省委党校学报》2014年第1期。

③ 李俊清：《少数民族人口流动现状与问题》，载《中国科学报》2014年4月1日。

响。流入我省人口中汉族人口比重较大，而全省流出人口中少数民族人口数量偏多"[①]。另外，城镇化进程的加快，大量农村劳动力转移到城镇地区，而来自四川、贵州、湖南邻省的大量人口流入以昆明为主的滇中，而"省内人口流动数量最少的是怒江州为5.6619万人"[②]。多数论者考察少数民族地区流动人口的影响时多集中在少数民族对流入地社会治安、管理方式创新等方面的影响，本文的目的在于考察少数民族地区人口流入流出形成了双向的发展感知。流入到少数民族地区的大量流动人口一般而言就有比本土少数民族较强的竞争力，流出外省或者本省内相对发达地区，比如，省会城市昆明的少数民族群众多为农村底层民众，其从事的大都是小本营生、低端劳动密集型服务业，工资少、劳动量大、劳动强度高，心理落差较大。正是由于经济发展的紧迫需求和少数民族地区民众发展的迫切愿望，为非政府组织提供各种各样的服务提供了空间。非政府组织在提供相应经济救助社会服务、能力提升、教育帮扶、特殊人群救助等过程中对这些人的心理感受具有直接性、真切性等优势，对民众的利益需求把握较为精准，进而对因利益问题可能产生的矛盾有真实的感知。

（二）文化的惯性和交融性的变化为非政府组织发挥作用带来了双重引动

众多论者认为，民族地区文化多样性是 NGO 扎堆云南的重要原因之一，但是，对多样性的文化如何刺激和吸引老牌非政府组织和催生新兴非政府组织发展的内在机理分析略显不足。事实上，文化因素并非根本因素，但文化多样性对非政府组织的形成发展至关重要。从非政府组织与文化之间的内生机理来看，有文化的同质性和惯性的功能缺陷在应对治理新形势时为

[①] 杨鸿伟：《十年巨变：云南城乡人口近十年流动概览》，http://yn.leju.com/news/2013.06.1416：37：36。

[②] 李应子：《云南省流动人口特点及趋势分析》，载《兰州教育学院学报》2016年第3期。

非政府组织生产提供的外溢空间,也有少数民族地区多样性文化自身对非政府组织的吸附与渗入。同时,边境众多的宗教文化所倡导的慈善、从善、助人等与非政府组织价值共通性也吸引并影响着非政府组织的发展。

1. 民族文化的多样性为非政府组织的发展提供了丰厚土壤

少数民族文化有广义和狭义之分。广义上,套用文化的广义内涵,意指物质产品和精神产品的总和,狭义指精神产品的总和。本书取狭义之意。精神产品是在精神活动过程中形成的价值观念、责任意识、心理状况、理论认知、思想理论、道德风尚、文学艺术、信仰、教育等诸多方面及其以此形成的一套令人遵循的规范体系,包括伦理道德秩序、法律法规体系等。狭义的少数民族文化就是指少数民族的风俗、信仰、心理、人文、宗教及行为方式的总和。这些基本要素集中体现着该民族的精神特质,是贯穿于少数民族发展过程和日程生活的精神基因。少数民族文化相对普遍意义的文化而言属于一种非主流文化,具有历史传统性、民间性、地域性等特点,并且这种文化与自然界各类生物乃至物质具有内在共通性。有些民族文化还渗透着浓浓的图腾崇拜而展现自然的本性。少数民族文化是通过日常行为、服饰、饮食、节日歌舞、祭祀、图腾、婚嫁及劳动欢愉等方式表现的,这些亦物亦精的外在表现体现出明显的多元性、源生态性、包容开放、精神内核紧实性等特点。比如在云南的 25 个世居少数民族中,每一个民族都有自己的文化特质,尤其是特少民族更是明显,像独龙族、阿昌族、普米族、傈僳族、怒族等,这些多姿多彩的文化形态,以包容的姿态拥抱非政府组织的到来,也吸引着非政府组织的进入,特别是以保护弘扬少数民族为价值指向的非政府组织更是获得了得天独厚的文化土壤。当然,少数民族的心理取向也不完全都是和谐平等的,有研究表明,"云南少数民族居民心理和谐总体水平 [(3.67±0.54)分] 处在不确定到基本和谐区间内;达到'基本和谐'之间;另有 11.40% 的居民心理不和谐"①，虽然研究的是心理和谐与生活质量的关系，但是，这种不和谐易与社会利益纷争产生共鸣，进而导致心理愿望的非理性诉求。民族文化的开放与封闭、异质性和交融（包括民族心理）为非政府组织的发展提供了文化土壤。

2. 行政文化的惯性及其不足为非政府组织的发展提供了外溢空间

"行政文化是公共行政活动中行政机关和行政人员身上凝聚和蕴藏的文化样式和价值取向，是内化在公共行政活动之中并支配公共行政活动的行政道德、行政价值、行政理念、行政意识和行政心理等诸文化形态的总和。"② 多民族地区社会结构的变迁和民众对经济发展的旺盛需求，必然要求地方多民族地区行政文化转型与革新，需要实现传统单一型、人治型、控制型、绝对主导型、封闭型行政文化向多元共治的现代行政法制文化转变，以实现地方多民族地区治理的现代化。但是，由于传统文化惯性的影响，暗藏于行政文化内部的诸多缺陷和严重弊端依然大行其道。地方多民族地区行政长官意识浓厚、法律意识不强、行政责任意识扭曲、公共服务理念趋向"经济人"的信念偏离等缺陷导致在行政活动中仍然以社会管控者的角色登场，使行政权力和责任断裂，特别是"一些行政人员过于强调对上级负责的行政伦理，而相对忽视了对民众负责的政治伦理，对地方民众多元的民族文化需求、民族利益期盼和民族权利表达抱有严重的体制性迟钝"③，又由于地方多民族地区跨界民众流动频繁、宗教问题和民族问题带来的敏感性，在回应与把握这些特殊性时，行政人员往往在处理常态化的民众利益纠纷时出于担心民族宗教问题诱发的敏感性，行事保守，怕担责任。或者走向对事

---

① 罗明春：《云南少数民族居民心理和谐与生活质量关系研究》，载《中国健康》2014年第2期。

② 杨顺清、朱碧波：《论地方多民族地区行政文化建设的问题及内在原因》，载《岭南学刊》2015年第5期。

③ 同上。

件本身性质判断模糊，把一般的纠纷事件认为是民族问题，导致急于用强力手段平息纷争。在地方多民族地区民族问题、宗教问题、发展问题、环境问题、毒品艾滋问题、环境保护与民生需求之张力难释问题等一系列非传统安全滋长的过程中埋伏着复杂多变的影响安全与稳定的风险隐患，对此，传统单一的政府集权型控制与治理难以应对，需要吸收社会力量参与其中，弥补政府一元化治理的短板与弊端。同时，以非政府组织为基本要求的公民社会的增长，也不断倒逼着政府权力由一元主导向多元共治转变。

3. 边境宗教文化对非政府组织发展的影响

宗教作为一种特殊的社会现象，主要活跃在民族地区，特别是边境民族地区宗教多样、信众众多，这些宗教带有十分明显的民族性特点。一定程度上，原始宗教与少数民族文化具有同质性。云南是全国宗教类型最多、分布最广、宗教信仰颇具特色的省份，有信徒340万余人（不包含汉传佛教和原始宗教徒），占全省人口的8.4%，其中，少数民族宗教徒占90%以上，有宗教活动场所4789座（处），宗教教职人员9000余人，宗教团体96个。云南边境线长达4060公里，与缅甸、老挝、越南比邻，有16个民族跨境而居，为世界三大宗教的传播提供了有利条件，形成了佛教、伊斯兰教、天主教、基督教、道教和原始宗教六大类，城乡多元、多层次的特色，具有独特的民族性，因而云南26个民族都有自己的宗教形态。可见，宗教在云南地区文化建设、民众价值观念等方面有着重要影响。宗教团体和宗教协会作为一种精神共同体，时刻塑造着民众的心理、精神信仰。大大小小的宗教团体在控制犯罪、调适人们心理结构起着较为重要的作用。宗教传统也是影响非政府组织的重要因素，提供服务的非政府组织一般是由宗教或者其他意识形态团体发起的，这些组织机构一般活跃于教育、健康和社会服务领域。宗教团体强调捐款、慈善、救助等价值行为，也可以利用其精神影响，吸引公众参与其中，扩大和发挥宗教团体的作用。不过，现代公民社会理论的国内论者，一般不将宗教团体归属于非政府组织领域，作为一种特殊的团体，不能等同现代意义上的非政府组织，与非政府组织之间既有共通性，也具有差异性。宗教往往带有神秘色彩，靠信众的精神信仰为团结的纽带，非政府组织一般则具有现代理想、理性特征。宗教之于非政府组织具有积极和消极两种因素，既可以发挥与非政府组织的联合作用，比如接受境外非政府组织的资助从事一些慈善活动，又可能导致对非政府组织的某些控制。

（三）多民族地区网络助燃对虚拟非政府组织提出新要求

信息化时代，网络已经成为公众生活不可或缺的部分，我国网络用户数量庞大，增速惊人，与日常生活的关联度日趋紧密。截至2015年年底，我国网民规模达6.88亿，普及率为50.3%，手机网民达6.20亿（《中国互联网发展报告》2016年）。另据，国家工信委发布的《中国宽带普及状况报告》（2016年8月16日）显示，截至2016年第二季度，我国固定宽带家庭用户数累计达到25720.1万户（不包含企业固定宽带接入用户及互联网专线接入用户），全国固定宽带家庭普及率为56.6%；我国移动宽带用户数累计达到86918.9万户，全国移动宽带用户普及率为63.8%，其中三家基础电信企业移动宽带用户数累计达到83782.3万户，移动转售业务服务提供商移动宽带用户数累计达到3136.6万户。全国移动宽带普及率平均水平为63.8%，云南移动宽带普及率为53.2%，低于全国水平10.6个百分点；全国家庭宽带普及率为56.6%，云南家庭宽带普及率为32%，低于全国平均水平22.6个百分点。除了网络用户的数量暴增，活跃在网络上的各种论坛、虚拟社区、兴趣耦合、公益组织数量众多，展现网络虚拟组织的存在和影响。"今年新闻热点话题讨论微博用户的年龄中位数是24.0岁，团系统微博粉丝中位数是21.0岁，女性居多，占到57.9%，他们兴趣标签依次为搞笑、幽默、旅游、音乐、年轻，偏娱乐化。另外一个重要的发现，就是他们在二三四线城市居住率较高。"[1] 云南虽然低于全国水平，但是，不影响网络虚拟组织在民族地区的意见传播和影响，近年较为典型是昭通钱仁凤案子，该案在网络大V的推动下，最终实现彻底转机。随着"互联网+"的行动计划急速推进，网络作为重要的意见发布、信源和信宿整合、传播的重要功能将日趋强化。线上各类虚拟组织对各类社会事件特别是热点事件的传播方向起着非常重要的舆论传导力量。"在微博、BBS、新闻跟贴等公开的广场式舆论场度，意见比较一致，用户政府和体制的声音占了上风；对公共治理的'吐槽''下沉到微信群等小众场所'如何避免社会舆论下沉，有助于公共治理、预警机制的有效运转。2016年显性舆论场比较干净，但是隐性舆论场暗流涌动，我们借助互联网毕竟有一个名义表达功能，及时发现基层治理当中存在的某些矛盾，避免这些矛盾小事拖大，大事拖炸，这一点非常重要。"[2]

虚拟社会组织的发展动态早已进入学者视野，我国学界从21世纪初就对此予以关注并跟踪研究，比如，王名等学者在2002年就发表了研究成果《网上社团及其管理：NGO新领域探讨》[3]。目前还没有关于网络虚拟社会组织的权威定义，论者基本上从事实描述和特征方面进行界定，大体上比拟线下实体非政府组织的概念进行阐释，"主要强调了网络虚拟社会组织三个特征：一是民间自发组建；二是依托互联网进行运行；三是以公益或互益为目的"[4]，此外，虚拟非政府组织参与的主体具有虚拟性、匿名性、非理性、开放性、意见表达交互累加、线上线下互动等诸多特点，公众正是看中这些特点所蕴含的优

---

[1] 祝华新：2017年《社会蓝皮书》发布暨中国社会形势报告会，www.china.com.cn/zhibo/2016.12.21。

[2] 同上。

[3] 王名：《网上社团及其管理：NGO新领域探讨》，《南京社会科学》2002年第11期。

[4] 王青：《我国互联网虚拟社会组织的治理研究》，汕头大学硕士论文，2014年。

势，越来越成为公众表达意见、发表观点、宣泄心理、参与评论与谈判、谋求利益的广阔空域，特别是在与相关政府机构或基层代理人进行协商时虚拟社会组织发挥的舆论影响力十分巨大，可以说，虚拟非政府组织已成燎原之势。近年发生的重大事件和公众关注的个案，比如昆明 PX 事件、云南钱仁凤、河北聂树斌案件都有网络的推动，网络起到的舆情助燃对事件的走向和解决发挥了非常重要的影响力，尤其一些虚拟社会组织的网络大 V 和意见领袖起到方向标作用。从治理的角度来讲，对虚拟社会组织的研究主要关注虚拟社会组织在群体性事件中的作用，包括正负作用，同时还关注虚拟社会组织传播舆情演化等问题。鉴于此，政府在治理中，要积极创新机制充分发挥研究和引导虚拟非政府组织的作用，目前，公检法机关对网络舆情有搜集跟踪的安排，对有价值的网络舆情做"舆情上报"，进入决策机制，但是，对众多的虚拟非政府组织的管理还较为滞后，往往迷恋于控、压、关等非开放性、包容性措施，需要在信息公开、管理规程、参与安排、政策法规等方面积极引导，以发挥这类组织的正向作用。

三 法律法规政策对多民族地区非政府组织在治理中的影响

从现行的法律法规及规章来看，有关非政府组织的法律框架构成较为全面，呈现层级多样、层级分明的立体化体系特征。大的框架体系诸如宪法、民法、合同法、税法、境外非政府组织境内活动管理法等，直接规制非政府组织的法律法规政策包括：慈善法、社会团体登记管理条例、社会服务机构管理条例、基金会登记条例、社区社会组织发展意见等。从针对非政府组织的直接规范看，新修订的社团登记管理条例、社会服务机构管理条例、境外非政府组织境内活动管理法等法规及民政部、公安部的规章，对原来制约非政府组织发展的障碍进行了一定的破除。但是，对非政府组织参与化解纠纷、嵌入治理的机制、程序及参与的具体事实工作规定匮乏。

（一）部分非政府组织的直接登记取得合法性缓解了其受到的约束

部分非政府组织可以直接登记取得合法性，缓解了非政府组织因合法性而受到的约束。2013年10月17日民政部出台的《关于对部分社会组织直接登记的通知》，设立工商经济类行业协会（商会）、科技类社会团体、公益慈善类组织、社会福利类组织、社区服务类组织，统一由民政部门直接登记，不再需要业务主管单位审查同意。云南省于2014年公布的社会组织登记办法，除了政治法律类、宗教类的社会组织外，其他可以在县级以上民政机构直接登记，无需业务主管部门审查，这一规定大大降低了准入程序和门槛，有利于非政府组织的发展。不过从目前看，大量草根组织的登记注册还有受到门槛等问题的局限，比如资金、人员、场所、活动项目、内部治理结构、承担民事责任等方面还与法人的条件要求有一定差距，因而注册起来较为困难。

（二）法律及规范性政策文件规定粗放

从内容来看，在社会治理创新和平安建设工作中，几乎所有涉及社会综合治理或治理的规范性法律文件及政策，较以前更为注意与社会组织的合作，鼓励支持社会组织参与社区稳定建设，如云南省《中共云南省委云南省人民政府关于大力培育发展社会组织加快推进现代社会组织体制建设的意见》第二十一条规定：配合参与政府公共管理，协调劳资纠纷，化解社会矛盾，维护社会稳定，促进社会和谐。但是这种规定较为原则、笼统、不清晰，操作起来很困难。又如，在涉及社会治安综合治理方式创新时，通过"加大政府购买公共服务力度，将适合由社会力量承担的社会治安防控、矛盾纠纷调解、预防青少年违法犯罪、特殊人群服务管理、法律援助服务等平安建设任务纳入政府购买服务指导性目录，通过竞争性选择等方式交给社会组织承担"①。如何购买，购买哪些项目已有指导性范围，但是，如何具体操作，购买成功后，社会组织在提供相关治理活动中受政府控制的可能性及程度有多大，也是无法确定的。财政、税赋优惠条件也存在模糊性，而且，涉及哪些类型的社会稳定事件并没有明确。另外，社会组织拿政府的钱去提供社会服务，会否影响非政府组织的中立性和在群众中的信度，等等，这一系列的问题在现有的法律法规及政策的规定中没有明确，对非政府组织发挥治理作用难以起到应有的规范、引导、评价作用。

（三）开放性监管和激励机制缺失

所谓开放性监管是指在大量草根非政府组织存在即成事实的情况下，对没有取得法律身份的非政府组织也应当有相应习惯法进行调整，在默认其民事主体地位的前提下，通过税收管理、投资引导，对其进行动态监管，或公众监督，或者是就其宽松环境可能偏离非营利性、公益性等行为进行事后的法律矫正，而不是对其主体地位从一开始就进行体制性否定。激励机制缺失，表现在税收优惠、开放领域等方面。税收优惠的激励措施不健全，税务征管部门在执行相关政策时也不太积极。

第二节　多民族地区治理困境的表现与原因

一　多民族地区社会治理困境的表现及原因

（一）多民族地区治理困境的表现

1. 多民族地区传统安全与非传统安全交织

从总体趋势看，多民族地区传统安全与非传统安全交织，非

---

① 陈训秋：《关于两新组织发展问题》，www.chinapeace.gov.cn/2014—07/02。

传统安全因素不断增长。传统安全观一直将地方民族地区的安全稳定视为压倒一切的价值首选，经济社会发展要围绕这一核心理念展开，为了追求稳定的安全环境，行政部门采取多种手段主导诸种力量综合实现稳定状态。非传统安全不同于传统安全，民族问题、边境跨界要素流动、民众实践方式的变化带来价值观的变化引起的心理涨落具有明显的不确定性，矛盾何时爆发，以什么样的方式爆发、在哪个点上爆发，流入人口和常住少数民族人口之间因发展机会竞争引起的纷争，少数民族之间存在因林地、用水、共用设施、劳资纠纷、集资诈骗、医患纠纷、大电、大路、大场建设引起的利益纷争等产生的纠纷也不同于以往征地拆迁纠纷，这些新的变化迫使政府机关在治理时必须转换思路，整合发动多种力量参与其中，特别是如何将以社会组织作为重要力量的社会动员起来是应然选择。

2. 多民族地区面临多种不稳定因素挑战

作为多民族典型地区的云南，除了具有上述所有基本形态的非传统因素外，还存在着缅北武装冲突和"三股势力"及西化、分化的严峻挑战，尤其是缅北武装冲突和三股势力对边境社会稳定的影响加大。近年来的缅北武装冲突导致大量缅甸边民融入云南，一方面人道救助任务加重；另一方面因人员大量涌入形成新的安全压力。"三股势力"选择云南通道至东南亚的频次高和隐蔽性越来越强，这些安全压力外溢倒逼行政权力在治理时应当积极吸纳非政府组织力量，与非政府组织进行合作，发挥非政府组织贴近社会生活的优势，方可构建多元应对机制。

3. 传统的治理方式导致的内在矛盾张力依然紧张

从内部纠纷演化态势看，由于近年政府在治理时注意到了多元力量的参与价值，渐进式推进综合治理、有限的社会组织参与的大调解机制、重大风险前置评估预防等策略，相关矛盾纠纷的处理有一定积极成效，截至 2014 年 8 月，云南全省群体性事件总数同比下降61.6%。①但是，这不意味着以群体性事件为主要表现形式的社会矛盾根本性改变，从而可高枕无忧，也不意味着当前刚性治理方式的改变。当前，我国多民族地区经济发展进入新常态，认真应对中等收入陷阱、修昔底德陷阱、塔西佗陷阱等一系列困境，还有暗藏于社会观念背后的各种自由主义、左翼右翼思潮及网络自由主义的混杂冲击，改革进入深水期，社会矛盾多发易发，所以，创新治理机制仍显任重道远。就云南而言，虽然群体性事件同比降幅较大，但是，群体性事件的个案影响并未减弱，比如2013年发生在云南晋宁县的富有村村民和开发商之间的恶性械斗是近年来影响最为严重的一起社会不稳定事件。如此复杂多变的安全形势，政府公权力难以达到的领域必然留有间隙，非政府组织嵌入安全治理过程的机会则明显增大。

（二）多民族地区社会治理遇到困境的原因

首先应当思考的是实践形式的多样性带来的价值观冲突，进而可能引发的社会矛盾的加剧和转化为行动的风险。当前的社会实践形式应该说是我们历史上最为多样和丰富的时期。比如，所有制既有公有制也有多种非公有制经济；分配领域除了按劳分配外还有极具多样性的按生产要素分配；企业的组织形式也十分多样、经济市场化、计划与市场的并存等，可以说每一种实践形式都有一种价值观念的表现，有时是交叉的、有时是弃旧更新的，而且每一种实践形式所带来的价值观也是在不断变动，纷繁复杂的。经济领域的深刻变动必然带来文化、观念的相应更新演变，经济、政治、社会、文化等在极短的历史时期又在狭小的扁平空间快速发展，在取得进步发展的同时，社会内部价值要素和价值观之间的冲突，又会导致社会矛盾冲突加剧，价值观抵触甚至对抗。这种因价值观异变而导致的对抗转化为社会矛盾的可能性和不确定性的风险相应增强。同

---

① 内部资料：云南省政府法制办：《云南"十三五"创新社会治理体制综合研究报告》2015年1月。

时，还要清醒地看到，我们价值观系统不仅仅是社会层面的，还有世界性层面，即不可避免地被纳入到世界价值体系当中，而世界价值体系的制订者无外乎以美国为首的西方大国。此外，还面临着诸多群体性的价值系统，比如以教派为单元的价值体系，比较典型的像西双版纳州大部分少数民族信仰佛教，佛教的各种各样的宗教活动和宗教仪式对当地少数民族具有很强的吸引力，不仅是年长者，很多年轻人从小就进寺庙修行，甚至一些地方的小孩以进寺庙修行代替义务教育，如此，佛教的影响力超过了政府公共权力的影响度，政策的推行与宗教信仰之间有着潜在的不和谐之处，信教者的信仰与政策要求之间存有落差，面临个体最小的心灵世界价值观念涨落的影响。内部外部关系构成一张大网，每个个体与群体都是这张大网上的一个重要节点，任何一个网结破裂则整个价值之网不可能完整。此外，是文化变迁问题。经济决定文化的真理依然有效。然而，当下人们处在传统与现代、心灵坚守与外界诱惑、理性与非理性等诸多困境交织的现实中。民族地区的表现尤为突出，民族的传统、市场的利益诱惑、多元文化的碰撞等对当地民族的观念影响巨大。每个人、每个民族都有自己的利益欲望与积极实现的冲动，具体体现为每个人的智慧狡诈和智慧博弈，为了实现利益，智慧可能沦为道德堕落的俘虏，甚至不加区别地接受非政府组织的物质和非物质的影响与认同。

地方多民族地区的复杂性远远超过其他地区。以云南为例，边境线长达4000多公里，民族众多，而且不同地段的主体少数民族又不一样，边境线上从东向西依次分布着壮族、哈尼族、傣族、景颇族、彝族、傈僳族、纳西、白族、藏族等，各民族有自己的突出特点和不同的利益诉求。民族地区面临经济发展、利益分享增长、农业现代化和城市化的示范作用以及环境保护压力等，实践形式的日益多样，价值观念也在发生变化，文化的整体认同被迫切的实际利益的欲望逐渐代替，考虑问题越来越从自己的实际诉求出发，极易受外来观念和思想的影响，价值发展的不确定性和不可预测性加大，社会冲突不断加剧。加之云南与越南、老挝、缅甸等国比邻，跨境活动成为日常生活的一部分，这种特殊性又加剧了矛盾演化的复杂性。从矛盾产生的原因看，有些是利益之争引发的，如2008年的孟连事件；有些是环保问题触发的，如2007年的怒江环境事件、2013年的抗议安宁PX项目的集体活动等，并且由环保问题引起的矛盾冲突还在逐渐增多；有些是偶发事件造成的，如晋宁的躲猫猫事件。偶发事件的发生多为人们积怨的爆发，如，2013年6月14日发生在南宁的一起很单纯的交通事故引发的聚集事件就属于此类。另外，官民矛盾引发的也有一部分。社会矛盾爆发的形式虽然不同，但是，归根结底都是物质利益实现受阻且利益分化太大、贫富悬殊、价值观冲突转化为大众矛盾冲突的表现。令人担心的是个体或某个群体层面的价值观与社会主义核心价值体系在一些事件上落差很大，多样性价值观的凝聚面临重大挑战。[①]

二 多民族地区治理方式

（一）一般治理方式及检讨

从国家整体安全价值需要来看，社会稳定是治理的直接目标，为实现这一目标必须深入分析影响社会秩序的各类因素，并以此分类研判做出治理方式的选择。总体而言，"'治理'所包含的内容主要是两大类：一是维护国家基本政治制度和政治秩序的稳定，二是化解社会矛盾和利益冲突，实现安定团结的政治局面"[②]。第一类治理关涉两条道路、两种制度的斗争，是阶级斗争的矛盾，性质上属于敌我之间的矛盾。"今天，我们中国特色社会主义国家仍然处

[①] 参见段学品、张海夫《地方多民族地区非政府组织的发展与治理方式转变》，载《云南行政学院学报》2013年第6期。

[②] 项赠：《治理的理念与方式反思——以党的群众观为视角》，载《求实》2014年第1期。

于马克思主义经典作家所判定的历史时代,即社会主义与资本主义两个前途、两条道路、两种命运、两大力量生死博弈的时代,这个时代仍贯穿着无产阶级与资产阶级、社会主义与资本主义阶级斗争的主线索,这就决定了国际领域内的阶级斗争是不可能熄灭的,国内的阶级斗争也是不可能熄灭的。"[1]对这类矛盾历来采取强力打击的方式,不能手软,阶级斗争永远在路上。当然,由于现阶段阶级斗争的复杂性,西化、分化、各种极端主义、分离主义、恐怖主义往往利用社会矛盾,夸大、煽动、嵌入到人民群众利益诉求的纷争中,将一般的社会利益矛盾极力转化为对执政党、对政府的不满进而贴上政治矛盾的标签,糊弄人民群众,混淆两种不同性质的矛盾。对这种矛盾引发的治理采取的是刚性的方式。当然,面临新的形势,治理的重心要前移,建构有效的防范体系,治理的手段要多样,力量要多元,最为重要的是夯实治理的经济基础,调控好群众之间的利益结构。

化解人民群众内部利益冲突的治理,不同于阶级斗争的治理方式,理应采取韧性、延展、动态的方式进行。但是,在实践中,由于稳定压倒一切、社会稳定的政治性、领导第一责任性、政绩考核一票否决性等理念和实践操作的特殊性,导致在治理中形成颇受争议的治理方式。从学术界的分析反思来看,这些年研究治理的学者在总结治理方式和治理绩效时提到最多的是刚性治理、压力型治理、反应性治理、静态型治理等模式,并对这些模式进行学理和实践剖析。比如,于建嵘认为,中国目前的社会稳定是"刚性稳定",这种稳定以垄断政治权力为制度特征,以绝对管治秩序为表象,以国家暴力为基础,以控制社会意识和社会组织为手段。它缺乏制度弹性和韧度,忽视了内在的整合和发展转型的适应性要求。压力型体制下的各级政府追求短期利益的最

---

[1] 王伟光:《坚持人民民主专政,并不输理》,载《红旗文稿》2014年第18期。

大化，而忽视经济发展的社会成本和社会公平，忽视社会基本规则的建设和维护，从而导致政治合法性的快速流失。政治软权力的匮乏迫使当权者在面对社会力量的冲击时越来越依赖国家暴力。其结果是，政治体制用来维护自身生存和运行的成本越来越高，而支付成本的能力并不一定同步提高。[1] 唐皇凤认为，中国的稳定是一种"刚性稳定"，主要是指中国的政治和社会结构缺乏必要的韧性和延展性，没有缓冲地带，执政者时刻处于高紧张状态，试图运用一切资源来维系稳定。该文将近年来中国的治理总结为压力型机制、控制性理念、暴力压制和运动式治理、内卷化和利益收买等不足。[2] 一些学者从治理组织化视角进行了分析，认为治理主体以有组织的科层体系机械的网络化覆盖，并非把社区力量组织起来有效参与，导致城乡社区无权力、无组织的群众矛盾诉求被碾压。一些学者对治理方式新变化进行跟踪研究，比如霍宏霞、霍晓霞认为，所谓刚性治理是以封闭性、排他性的政治权力为基础，把管控规制的目标定位于一个特定社会的"绝对"安定，因其"稳定"价值诉求的绝对性，无延展性和缓冲性，导致社会中的一切抗议行为都会被看作社会的无序、混乱和失控。[3] 朱振辉研究了治理与维权相结合的制度安排和实现路径。[4] 还有部分学者研究了十八大以来社会治理创新视域下治理方式的转变，主要集中在现有社会综合治理模式下，积极探索多元主体参与的治理范式，其中有限开放了社会组织参与治理的领域，并在实践中尝试建立社会组织参

---

[1] 于建嵘：《从刚性治理到韧性治理——中国社会秩序的一个分析框架》，载《学习与探索》2009年第5期。

[2] 唐皇凤：《"中国式"治理困境与超越》，载《武汉大学学报》（哲学社会科学版）2012年第9期。

[3] 霍宏霞、霍晓霞：《从刚性治理到法治治理——论当代中国治理方式变革》，载《人民论坛》2014年第7期。

[4] 朱振辉：《社会治理创新中的治理与维权研究》，载《云南行政学院学报》2015年第2期。

与治理的机制与路径，比如，鼓励社会组织特别是社区社会组织参与化解矛盾的调解、参与社会矫正、劳教人员帮扶等工作。这是一个积极的变化，但是，总体上并未改变治理活动泛化和异化的现状。种种遭受非难的治理方式归结一点，就是治理到底为了什么？到底为了谁？如何做？这才是问题的根。

（二）民族地区治理方式的特殊性

多民族地区的治理工作是国家治理体系的重要组成部分，总体的治理思维、治理机制、治理模式等都具有与国家层面的一致性，同时，又因多民族地区基本上地处地方，各种力量复杂交错，维护安定显得尤为重要。我国出于国家治理的需要，在治理方式上，历来对少数民族地区的社会冲突的社会控制手段主要依靠国家强制力自上而下实施的应对和防范民族冲突的整合形式，它以多民族国家的名义，凭借国家强力（军队等武装力量、警察等治安控制力量、国家安全力量等），针对某些民族政治精英、民族政治行为和民族政治倾向实施导控和抑制，从而有效抑制冲突发生。民族关系总体和谐，但是，随着社会开放程度加深和人口流动频繁，以市场经济和公民社会为基础的资源空间结构发生重大变化，随着流入到多民族地区的外来人口的大量增加，民族关系也发生深刻新变化，影响民族关系稳定的新因素增多。民族地区治理方式总体呈现如下特点：

1. "稳定压倒一切"是治理的支配性理念

这是由多民族地区的安全团结和经济社会发展的实际状况决定的。要实现安定团结的局面，必须有稳定的社会环境来保障，同时，稳定的社会环境是多民族地区经济社会发展的重要条件。新的形势下，多民族地区面临的是如何在资本市场化、人民主体化、利益共享化、社会开放化等诸多复杂形势叠加交错，如何夯实以利益增长、环境保护为目标的现实基础，以构建和谐共荣的民族关系，进而达致社会有序安定，是需要深思善行的紧迫任务。

2. 政治精英和社会精英参与民族地区治理事务的分离

多民族地区社区政治精英多指体制内的社区负责人、村委组成人员、各类正式代表等，这些人往往有政治参与渠道，在一定范围内通过正式渠道参与少数民族群众利益表达过程，但这类人群又卡在中间，一边是政府治理要求和目标，此中的目标往往带有经济发展的决策实施，比如，工业化项目的推进，大路、大电、文旅产业的开发等，要保证这些项目的顺利进行，政治精英必须要围绕这些目标保持治理方向一致性。另一边是群众的利益诉求要保障，政治精英要代表基层社区群众身份优势维护群众利益，在群众利益诉求与开发目标和要求不一致的情况下，如何进行利益平衡进而确保稳定目标实现则是考验政治精英的智慧。多民族地区对社会精英在治理中的作用一直较为重视，在一定程度上，社会精英被动员至社会秩序构建的系统中，主要包括两方面的力量，一是少数民族地区宗教团体的精神导师和少数民族的头人（有威望的民族权威人士），主要是大大小小的宗教领袖和族人。这些社会精英往往成为治理主导主体的倚重对象。二是资本精英、乡村能人，这类人是社会活动积极人员，拥有较好的经济实现力和经济影响力，并拥有一定的知识视野，见识广，信息灵通，这类人员几乎没有政治参与的渠道，无法利用政治参与渠道来代表群众表达诉求，寻求体制外的表达成为常态。社会精英参与群体性事件的动员机制，往往是利用乡村社会人情关系的亲疏远近来实现的。根据研究，在有影响的群体性民族事件上，一般是由家族、亲戚、同门同族、乡里乡亲、邻居、利益相关者等由内向外扩散的紧实性联合，真正的由互联网的线上鼓动形成的事件是松散的联合。因此，在民族地区的治理方式的选择上，有些基层政府把社会精英作为治理力量进行布局。但是，政治精英和社会精英的心理二重区域还是要注意，在个人主义和传统文化双重作用下，一方面政治精英和社会精英在代言群体利益时，肯定暗含着自己利益的实现考量,并非完全展示公共利益价值的形象;另一方面,心理二重区域表明,一些政治精英和社会精英,甚至包含民族权威人士在公共正式场合的表态和其私下里的内心想法并非完全一致。

3. 非政府组织嵌入治理方式的综合途径不畅

在对云南怒江、德宏、迪庆、文山等地政法委和基层社区进行座谈调研时发现,近年来,这些地方政府在治理思维方式、治理多元力量参与、大调解路径、防打结合等方面进行积极探索。比如,玉溪在治理方式上的做法是,探索建立涉法涉诉信访依法终结制度,体现法治治理的思路。同时,因时因事而为,适应社会治理现代化的需要,在治理中注意引导社会组织的作用,就社会治理开展双向和多向民主协商,探索建立广泛参与、多元多层的社会协商机制,在协商中聚合社会力量,形成社会共识,为推进社会综合治理注入新活力。加快构建"大调解"工作体系,建立健全县乡村组四级人民调解网络和衔接矛盾纠纷调处化解机制。健全调解、仲裁、行政裁决、行政复议、诉讼等受理机制,处理好关系群众切身利益、群众反映强烈的突出问题。依法妥善处置涉及民族、宗教等因素社会问题,切实保障少数民族和信教群众合法权益,促进民族宗教和谐。[①] 从表述上看,这些做法与全国其他地方的文字表述大同小异,基本上是一致的。但是,在实际操作中,要切实根据少数民族地区的实际情况而定,不能笼统的"一刀切"。现在的民族关系确实发生一些新的变化,比如多民族地区大量流入非少数民族人口,这是必然趋势,但是,如果任由市场规则和人情关系起基础性支配作用,流入的外来人口在市场经济竞争中就会占据巨大优势地位,少数民族则处在劣势地位,利益反差很大,就会成为稳定隐患。所以,政府在寻求与社会力量合作处理社会稳定

---

① 玉溪长安网,www.yxzf.gov.cn/2016-12-5。

事件时，比如，通过非政府组织参与化解矛盾时可以先行通过非政府组织了解群众的心理积怨的根源，方式手段一定要切中问题的根。

第五章　多民族地区非政府组织推动治理方式转变分析

第一节　非政府组织在多民族地区治理中的现有作用

非政府组织在多民族地区治理中扮演何种角色，它的作用将推动多民族地区传统治理方式朝着哪些方向发展是必须回应的问题。因利益实现和价值观冲突引起的社会矛盾导致的社会不稳定事件不断增加，各种各样的矛盾集中登场，现代的、后现代的、资本主义思想、中国特色社会主义自身产生的、传统民族文化转型、经济发展滞后、经济发展成果分享差距大、利益固化、民族地区农村社会结构重塑等诸多矛盾交织在一起。社会矛盾集中呈现必将给社会管理体系提出严峻挑战，"如果诸多价值元素不能够很好地融合为有机的社会价值系统，就有可能出现价值的体系性空缺，尤其是主流价值的迷失和核心价值的削弱，影响大众的价值认同和价值选择，甚至会造成社会的离散与分化"[①]。现在的危机不确定性极大，甚至一个人就能搅动整个社会的风险爆发，这是核心问题。过去，在应对这些社会矛盾引发的社会不稳定事件时，一般多采取严格的管控方

---

① 欧阳康：《中国道路与中国价值观》，载《马克思主义理论与现实》2011 年第 3 期。

式与手段，政府往往进行治理泛化的体制性防卫，甚至运用公安、武警等国家力量予以解决，这种方式短期内能够立竿见影，暂时获得静态的安定，但是，利益诉求的群众内心并非诚服地认可，且随着矛盾的发酵和变异，这种方式越来越不适应新的治理形势了，必须转变为以加强社会管理体制创新的"动态"治理方式。

社会管理创新不是放任自由，而是要比以前更有所作为，更加灵活有效地预防、化解和处理各种社会矛盾。过去的治理思维是简单性思维方法，就是进行结构要素的起点、过程和终点的分析方式，这样的分析方式优点是能够很容易找到事件的起点，并简单一一对应地采取硬办法予以解决，但是，这种分析方式应对不了当下民族地区复杂的情况。现在的群体聚集事件具有难以把握的涨落性、随机性，进而出现很大的不确定性。到处都是事件的起点，根本不知道起点在哪里，甚至何时在哪里出现新的起点都很难判断，因此，必须有系统性思维。当前，社会管理上一个重要着力点就是培育、引导、支持和发挥非政府组织的积极作用，以非政府组织的放射性活动和嵌入式实践来系统分析少数民族的利益主张、心理期望、压力排泄的方式和途径。

那么，非政府组织的积极作用到底表现在哪些方面呢？如前所述，目前，多民族地区的非政府组织其活动目标和价值观的多维性在于政府和民众双向互动中充当有益的利益调节器和矛盾安全阀。非政府组织的价值目标主要是为当地民众提供一些物质上和能力上的建设，比如扶贫项目的实施、为学校建设校舍，承担支边支教任务等。同时，还关注和维护妇女儿童的合法权益的实现。在实现一定的利益诉求的同时对于减缓社会对抗方面确实起着一定的积极作用。因为维护社会稳定不是仅仅靠政治整合的单一控制，更不能期望强制高压来维护，而是要找到缓解矛盾和协调利益以及释放不满的代言渠道，寻求体制外的利益表达和维护通途，所以在行政权力仍然是社会的中枢之当下，政府应当引导和管理非政府组织的社会参与，充分发挥非政府组织参与的积极作用，构建以社会管理创新为基础的治理方式，才能适应社会的发展变革，才能建立长治久安的和谐社会。具体而言，非政府组织社会参与的积极作用表现在以下方面：

一 具有消解民怨和泄压的作用

非政府组织的社会工作对降低发展差异产生的压力起到一定的减压作用，能给当地民众提供艾滋病防治、戒毒、妇女儿童的权益维护、发展生产、提高社会素质等方面的帮助，此举受到民众欢迎。同时，一些非政府组织在重大社会热点问题方面也可以起到防患于未然的作用，主要体现在一些行业协会和专业合作社类的社会组织发挥的作用，比如丘北的辣椒协会在对椒农因价格低迷可能引发的大规模群体聚集起到一定的消解作用。此外，非政府组织对少数民族利益关系的调配，对民众和谐有序的期望与心理观念的培育，缓解心理异化，塑造精神共同体，凝聚共识，特别是一些老年协会在社区建设中提供的力所能及的帮扶，为老年人带来生活便利和精神的慰藉。非政府组织作为民众与政府沟通的桥梁，可以把民众的意愿传递给政府，使政府在集思广益的基础上制定公共政策，进而保证政治运行的理性、科学。比如，迪庆州在边境建设和社区网格式建设中发挥当地老年协会、文化兴趣团体、非公组织协商的作用，建立社会回应机制，面对复杂的边境和族际关系，构建了有效的防御网络。[①] 在社会应答机制方面，多民族地区的非政府组织根据当地民族关系新动向，通过参与到网格式社区治理中去架起民众和政府之间的沟通桥梁，便于组织成员民意上传，缓解或消融民众和政府的对立情绪。在民众民意传达中，非政府组织自身

---

① 迪庆州平安边界建设及基层网格化管理工作会议资料，迪庆平安网，www.dqzf.gov.cn/2016-12-08。

的志愿精神、服务意识和奉献精神在民众之间传播，会逐渐内化为民众内心的价值取向，有利于社会道德的形成，成为社会管理的软实力。

二 沟通国家、市场与社会互动关系的作用

非政府组织在建构国家、市场与社会三方互动关系中具有无法替代的优势，很多人都在研究社会结构转型时，提出了单位制向开放社会转变等颇有见地的分析理路，但是，似乎忽略了转型过程中最深层次的社会基础的城乡社区居民特别是广大农民的精神信仰问题。众所周知，当下的转型是建立在市场配置社会、经济资源基础上的，原来的公有观念逐步被个人主义代替，乡村集体经济实际上是名存实亡，乡村干部及政治精英参与公共治理价值体系过程显现出二重背离的危险，表面上不会与上级公共治理政策、方针违背，但私下里为家人和亲戚争利却很厉害。这些表明乡村公共价值精神的确立，单体之间的利益冲突之张力表现出紧张的一面。政府在推动治理多元、多中心的策略过程中，如何将市场配置偏离公平性和整合分散的公共资源是亟待解决的问题。非政府组织也很难完全担当此重任，不过，非政府组织可以在一定的范围和领域通过自身的公益行为来吸纳、取信基层公众，一定程度上传递、凝聚非家族、头人、亲缘、宗教的组织化文化价值，进而凝聚成新的社会基座公共精神，从而在拾遗补缺中担当起沟通政府、市场和社会三者之间的互动关系，形成不同于宗教、民族习惯、族际关系的新兴组织化价值共同体。比如大民族地区积极探索由政府、宗教人士、民族权威人士、乡村精英参加的事件协商即是例证。随着社会经济发展，原来科层和市场难以成为最理想的治理方式，市场失灵、政府失灵为社会组织发挥作用腾挪了空间，较之传统方式，新兴网络提供的平等式、扁平化、参与协商式的平台为各主体之间协商解决问题提供了良好的条件，并能够推动政府向着更加开放的形势迈进，比如，网络虚拟非政府组织对信息公开的推动。

非政府组织在弥补社会功能缺失、激发社会活力、提高社会效率等方面发挥着越来越重要的作用，其发展已成为不可逆的趋势。虽然一些 NGO 打着扶贫、人权等旗号进行渗透，但 NGO 实质上是依法建立、致力于解决各种社会问题的社会组织，其性质、倡导的理念与实践的行动中蕴含了一些社会和谐的文化内涵要素，对促进族际和谐具有一定价值。

非政府组织在公共管理领域，参与了城区、社区、小区的管理和服务；在社会服务领域，承担了公益型社区社会保障、就业、卫生、科技、教育、文化、体育等服务工作及精神文明创建活动；在事务性工作方面，承接了评估、调查、培训、鉴定、调节、治理等事务性工作；在经济发展领域，提供了中介服务、反映合理诉求、平衡各方利益、调节贸易纠纷、开展行业自律等工作，促进经济的可持续发展和市场经济体制的完善。由此可见，非政府组织已形成了连接政府、企业、社区和社会成员的桥梁，承担着政府转移出来的部分职能。在建构社会管理体制新格局、完善公共服务体系建设中，非政府组织在协同提供服务方面将有更大的发展空间。

三 弥合群众自主利益诉求与政府的自信主导行为之间的断层

当前，社会价值观日益多元化，民众政治参与热情日增，利益冲突频现，如何培育民众和谐有序的期望表达方式，成为一个体制化问题。非政府组织作为维护社会秩序、促进社会公平的重要组织，在民众利益表达、谋求公共利益、协调各方利益、缓减各方矛盾方面均可发挥重要作用。政府与非政府组织在一些社会热点、难点和焦点问题上双向交流，互动协商。协调横向的不同利益群体之间的利益宽容与和谐，对不同民族族际之间和谐共处之整合也有重要的促进作用。社会组织之间的合作可实现专业互补、优势互补，社会组织间合作可向社会提供无缝隙、全方位的公共服务。社会组织间的互动合作对群体矛盾的预防及妥善解决具有重要的意义，可以阻止矛盾向社会冲突转化。不同的社会组织间的合作能够有效拓宽社会组织的视野，还能够经过分析讨论，共同制订出更为合理和理性的行动方案，实现群体性事件参与各方的共赢。同时，由于不同的社会组织所涉及的领域不同，处理不同领域矛盾的方法也会有所不同，通过交流可以相互学习彼此的处理经验，取长补短，提高社会组织参与群体性事件治理的水平。此外，社会组织间的合作协商构成了防止群体矛盾向社会冲突转化的"阻燃墙"。改革发展在促进社会利益关系出现多元化的同时，也使民众表达利益诉求的意愿日益强烈。非政府组织有助于协调利益冲突和稳定社会秩序。非政府组织是社会成员自我组织和管理的组织形式，自产生之初就有明确的组织目标和服务对象，这种基层化和针对性强的优势能够使非政府组织的"触角"直接连接至基层，管理和服务更具针对性，对民情的反应也更加灵敏。因此，非政府组织能够通过咨询服务为政府提供信息，帮助政府了解民众意愿、市民的最新思想动态、有关利益诉求以及社会上的舆情、民情和一些不稳定因素，进而成为政府掌握社情民意、安抚群众情绪、制定相关政策的"触角和参谋"。而且，不同功能的非政府组织在满足社会成员多样性和多层次需求的同时，一旦存在利益冲突，非政府组织能够及时倾听和回应民众的呼声，通过人性化的方式进行协调，排解社会怨气，缓解社会压力，防止社会成员无序表达行为的发生。同时，非政府组织的协调也使各种不同的社会群体能够依法共存相容，增进社会包容度，从而起到维护社会稳定的重要作用。

四 推动政府评价和改革，促进治理方式创新的作用

改革开放以来，民族地区地方政府虽然不断加大公共服务产品的供给，让人民共享发展红利。但是，由于资源供给不均衡，供给力度不足和持续性难以续接，民族地区公共产品供给差距很大，极

不平衡，难以满足少数民族民众的公共利益和个人利益的需求。NGO 恰好可以发挥自身的机构优势，弥补政府缺位，推动理念传播、服务社会，反映公民诉求，同政府携手推进社会稳定发展。NGO 的作用，"一是政府想做但暂时还来不及做，或者没有精力做的事情；二是政府虽然没有想到要做，但只要第三部门先做了，它也绝不会反对的事情"[①]。

从治理的社会动员能力来看，有些民族地区出现奇怪现象，一些村民信任非政府组织，而不怎么信任当地政府，非政府组织的动员能力远远大于基层政府的动员能力，这是信任上的新动向。非政府组织对政治精英、社会精英与草根之间减少对抗已形成良性流动。脱贫致富、赶超发展的观念在一些民族地方较为突出，异化的思想观念，自我信心低迷、盲从，对抗的心态十分浓厚，非政府组织倡导的宽容理念在一定场面能够减少对抗，弥补政府缺位、越位的能力缺陷，促进社会变革。2016 年 12 月 26 日，自然之友向怒江州中级法院提起环境公益诉讼获立案，这是非政府组织以自己名义维护当地居民环境权、发展权、生活权的典型事例。兰坪金鼎锌矿造成的环境破坏与大气污染引起当地居民的愤怒，一些临近矿区的居民无法生产生活，多次以不同途径诉求均未得到解决。自然之友作为著名的环保组织以法治的理性方式进行公益维权，避免了因遭受环境侵害的居民集体维权行为，是非政府组织发挥治理功能的体现。在这之前，2016 年 12 月 7 日，自然之友以泸水县环保局为被告向泸水县法院提起公益行政诉讼，也体现了参与治理与维权的重要价值。因此，应当鼓励、支持非政府组织以理性维权进行治理。

鉴于上述作用，政府治理要充分考虑非政府组织的作用，积极转变治理方式。转变政府对非政府组织治理作用的认识，既看到经济组织的作用，也要看到非政府组织的治理作用，还要看到一些成

---

① 徐永光：《中国第三部门的现实处境及我们的任务》，载《处于十字路口的中国社团》，天津人民出版社 2001 年版，第 97 页。

熟的、致力于社区居民生计福祉增长的境外 NGO 在提升少数民族生产能力、素质水平等方面的作用对减缓对抗情绪的功能。与此同时，也要看到，在地方多民族地区又有着非政府组织跨国频繁流动的事实，社会管理机会结构放开的情况下，境外非政府组织可能利用当地民众对经济、文化、信息、生态、安全、宗教的渗透，在体制外采取有利措施控制其政治敏感性和纪律约束，构建动态的弹性稳定，形成新型安全观。当前，一定要充分认识到地方民族地区价值观多样性的根源，深刻把握社会矛盾的交织演化及嬗变趋势，站在国家民族利益高度上运用矛盾分析方法建构新型治理机制。针对境外非政府组织的价值观复杂性，要积极鼓励本土社会组织加紧向其学习，提升转化先进管理和运作方式的速度。针对可能出现的非政府组织价值观被偷换的危险，予以防范。要加强非政府组织的文化建设，让非政府组织的价值观融入中国梦之中，并且凝聚公共价值认同，大力弘扬自立、自豪、自强文化精神，利用大众媒体构建反对悲剧情怀、宣扬背叛、暴力崇拜的隐形风险，加强对非政府组织的积极正确引导。

案例二：汶川地震后的 NGO 行动暗含着应急与舒缓心理功能①

四川汶川里氏 8.0 级特大地震使四川、甘肃等 10 省（区、市）的 417 个县（市、区）都受到不同程度的影响。北川县城、汶川县映秀镇等部分城镇和大量村庄几乎被夷为平地；基础设施和公共服务设施毁损严重，医院、学校坍塌；产业发展遭受重创，耕地大面积毁损；生态环境破坏严重，野生动植物栖息地碎化甚至丧失，森林损失严重。然而，汶川大地震表现出了一个显著的特征——中国 NGO 组织作为一支重要力量加

---

① 节选自马国栋《汶川地震后的 NGO 行动》，载《学会》2009 年第 5 期。

入救灾重建的过程当中。

地震发生的12日当晚，重庆绿色志愿者联合会迅速行动，联络一家企业连夜生产5万个面包送到成都；成都根与芽环境文化交流中心直接参与一线救灾服务；成都野草文化立即联手四川省农促会等组织，两天内组织130名志愿者，筹集抗生药物、帐篷、食品等物资；绿家园与自然之友于13日晚紧急召集8家NGO，发出"小行动＋许多人＝大不同"的倡议，呼吁广大NGO和更多个人为灾区贡献力量；厦门绿十字环保志愿者中心广泛募集救灾物资，为灾区人民送上急需的棉被、帐篷、婴儿用品、药品；陕西妈妈环保协会得知地震后，会长和工作人员立刻赶往灾区了解情况，对灾情做出评估后，向有关方面反映灾情，寻求帮助；北京地球村积极倡导绿丝带行动，号召大家关爱生命，积极了解灾区物资供缺、联系救灾物资运输途径。

离开清洁的水，居民将无法存活。污染的水极易带来疾病的传播，进而引发大灾后的大疫。为了防范于未然，环境NGO行动起来购买了大量纯净水、净水片，以及饮用水净化设备。自然之友就联合北京沃特德环保设备有限公司发起了"净水援助"行动，呼吁社会各界以及个人捐助饮用水净化设备给灾区居民。自然之友代理总干事和数名志愿者一道前往茂县等地，将设备安置在亟须的灾民安置点，并积极呼吁大家保护水源。中华环保联合会也会同上海三爱环境水务工程有限公司向灾区捐献了当今世界最先进的饮用水生成系统设备。

NGO考虑到水源保护和灾后疾病传播的问题。其中一个重要的对策就是建立生态化的厕所。于是多家环境NGO组织纷纷拓展思路，通过各种渠道开展生态厕所建设项目。中华环保基金会接受红十字会的资助，授权成都野草文化兴建粪尿分集式生态厕所。北京万通公益基金会还会同国际生态卫生结点办公室（CNSS）、北京地球村环境文化中心、成都市城市河流研究会等组织召开了"中国生态卫生旱厕行动论坛"，旨在推广生态卫生理念，传播生态卫生旱厕建设的基本知识和理念，分享各自在赈灾中的经验。

地震发生后，地球村遂确定以"乐和家园"建设为蓝本来开展自己的工作。在红十字会和南都基金会的资助下，地震重灾区四川彭川开始了乐和家园的探索旅程。地球村希望以生态化的方式建造房子，以绿色化的理念复兴乡村经济，以养生文化为契机推进乐和养生，在现实中建立乡村环境管理体系，在道德伦理的恢复保护中保护乡土文化，在参与思想的指导下完善乐和的治理机制。沿着这条生态文明演进的思维框架，地球村积极组织开展"生态文明与灾后重建论坛"、适时从自身的环保职责、文化关怀、乡土建设出发来推演灾后重建的前行道路。

邛崃、岷山和秦岭山系是我国森林资源重要的分布区，它对于长江上游水源涵养、野生动植物的生长繁殖具有着重大意义和价值。地震破坏了森林的生态功能，导致该区域内部分动植物丧失了生存环境，严重威胁到动植物资源的繁衍生息。环境NGO组织迅速做出反应。世界自然基金会（WWF）始终坚持工作，继续完成开展大熊猫及其栖息地保护的使命，凭借专业优势对地震给社区、野生大熊猫及其栖息地带来的影响进行评估；同时进一步加大力度从资金和技术上支持合作伙伴开展自然保护区的环境保护以及生态修复工作，并配合保护区周边灾民积极自救，巩固"绿色重建"的成果。中华环保基金会也十分关注大熊猫的动态，为由卧龙迁至雅安的大熊猫建立两个熊猫馆出资90万元。

这次地震环境NGO表现出了应对环境灾难的理性以及他们作为社会组织的自觉与自知。首先，地震发生后，环境NGO

相信并积极配合政府，共建乐和家园，大力推广环保理念；帮助有关部门进行野外监测考察，搜集生态信息，同时对地震影响做出评估；他们还建立绿色学校，做"政府的有益补充"。环境NGO在这次地震危机中以治理主体的姿态登场，与政府一道形成了抗击环境灾难的合力，为最终战胜灾难增加了砝码。

自然灾难注定是环境NGO成长的试金石。汶川大地震让社会大众亲眼见证了环境NGO的发展与壮大。但是其表现是否能够说明环境NGO组织的性格已经成熟，这点是值得商榷的。在鲜有的自然灾难面前，没有过任何救灾和重建经历的环境NGO难免会身处失序的尴尬窘境甚至还会遭遇工作无效。然而这并不意味着环境NGO不需要提升自身的能力以做好应对自然危机的准备。地震及灾后重建告诉我们，现实的环境NGO依然存在许多不足，环境NGO的能力需要加强建设。

案例述评

2008年的汶川地震破坏程度、波及之广十分严重，人员伤亡和经济、财务损失都十分巨大，在此紧急关头，非政府组织作为一支重要的力量展示了救济扶助的义举。来自四面八方的非政府组织配合政府迅速投入到地震救援工作中，所涉工作领域包括伤员抢救、物资运送与发放、防疫消毒、净化水质、心理舒缓、野生动物保护、环境监测、维护社会秩序等方方面面，其足迹遍布村村寨寨、一家一户，成为政府救灾的重要补充力量和有力助手。正因为这次的良好表现，学界将2008年视为中国的公民社会元年。这是对非政府组织的褒扬与肯定。从非政府组织参与这次地震救助过程中，我们看到了非政府组织除了在提供经济、物资帮助外，客观上表现了对地震过程的社会秩序构建和受灾地区居民心理调适作用：一是通过自愿行动给受灾群众提供了经济、物资、卫生健康帮助，提振了灾区居民的生活信心，增强了对政府和社会组织的信任感；二是在心里调适过程中，舒缓了部分灾民的恐惧和失去亲人的悲恸情绪，减少了一些怨恨；三是一些非政府组织的后续恢复帮助，为灾区在重建中构建有序的社会秩序做出了贡献。这些都是维护灾区稳定所需要的要素、条件。

第二节 多民族地区非政府组织推动治理方式转变存在的问题

多民族地区非政府组织在治理中的作用逐步得到认可，现有的治理机制一定程度上给予非政府组织一定的参与空间，但是，整个情况看，与非政府组织应当发挥的更大作用还有一定距离，无论是与非政府组织合作的观念、机制、制度环境还是具体政策设计都存在着一些亟待解决的问题。同时，由于多民族地区非政府组织各类型之间发育能力参差不齐，其自身能力建设、自主性、独立性、公正性、处理问题的内在机理等等方面也存在着内生性缺陷。

一 政府对非政府组织在多民族地区治理中的作用还存有疑虑

对多民族地区的非政府组织作用认同存在较为复杂的情况：一是因多民族地区特别是像云南这样的地方多民族地区的特殊性，活动的非政府组织层级和种类较多，有境外 NGO、国内知名的非营利组织、省级非政府组织、州县级非政府组织、社区社会组织和大量的草根组织并存，对这些非政府组织在经济、社会、教育、公共社会服务、妇女儿童权益保护、健康服务等若干领域的作用持积极态度；二是在涉及多民族地区治理问题时，主导治理的政府机关和政法部门多持谨慎态度，有些明显存有较大疑虑，对非政府组织涉及治理多为安全过滤和防范，尤其是对境外 NGO 和国内著名非营利组织（尤其是维权类的组织）不支持其参与社会群体性事件的介入，或者是极其有限地参与。而利益相关的民众在维权陷入困境时多对非政府组织参与维护利益给予较大信任，希望能够获得一些支持，这样就出现了信任断裂，呈现政府与民众两头方向相反，而非相向而行。因此，就目前而言，多民族地区非政府组织参与治理的信任机制尚需进一步建立（如表5—1）。

表5—1 　　　　分类调控政策导向下的非政府组织信度[①]

信任程度	服务程度	经济社会服务程度	
		高	低
社会稳定的威胁	高	工会、社区居委会	法律类维权类组织
	低	行业协会、商会、基金会、学术团体	草根NGO、兴趣组织

二　非政府组织显性参与多民族地区治理工作的范围有限

所谓显性参与治理，是指通过自身组织宗旨和性质定位为参与治理和维权的组织，或者由政府治理制度安排参与到体制内治理机制过程的情况。通过对怒江州基层社区和治理机构的走访，发现在州县级层面制定的维护社会治安综合治理的相关规定和实施方案中，有明确的鼓励支持两新组织参与治理的规定，开口较宽的是社区社会组织参与治理，除了一如既往地鼓励支持法律援助、老年协会、妇女儿童维权中心、青少年发展中心、社区矫正组织等参与治理、化解矛盾、参与调解、社区矫正等之外，在相关规定中还明确了，社区社会组织参与大调解的途径和方式。这是进步，但是也要看到，一些民族地区并没有明确非政府组织参与大路、大电、拆迁、分离恐怖事件、民族宗教矛盾等领域纠纷的具体路径。同时，由于政府治理往往针对治理事件发生以后采取的治理措施，其治理的目标多考虑的是及时快速高效控制治理事件，息事宁人，一定程度上不希望第三者的非政府组织插入，以免嵌入一些外来因素后事态扩散化。

---

① 陈华：《吸纳与合作：非政府组织与管理》，社会科学文献出版社2011年版。

所以，治理过程中非政府组织参与的程度十分有限。

三 非政府组织参与多民族地区治理的机制不畅

非政府组织参与的机制一般取决于治理主导力量的政府希望与非政府组织合作的效果和程度。一般而言，当非政府组织因外在环境，比如，登记时的活动范围限制于非治理领域，则非政府组织参与的机制基本上很少有来自政府机关的开放渠道，而当非政府组织自身因素不足时，比如能力弱小、资金、人才匮乏或者缺乏理性经验，加之可能对自己参与治理的作用估计过高等都会导致在治理事件发生时，政府难以考虑非政府组织的介入。近年，随着企业转型、政府职能转变和市场经济的纵深发展，治理方式和治理思维方式不得不发生改变，其中一个明显的变化就是，政府在治理力量的组合上有意将一些经过考验、筛选的社会组织有限度地纳入治理合作范围。多民族地区在涉及民族矛盾、地方安全、社会矛盾等方面在以往发挥少数民族地区的宗教协会及其权威人士、老年协会、红白理事会的基础上，积极发挥妇青工组织，并发挥各类协会、商会、专业合作社等组织在管好自己的人同时尽量发挥外溢效应扩展治理范围。注重中介组织对重大项目决策和影响国计民生的项目的风评也是政府"大治理"的一个现存格局。不过深入分析不难看出，这种状况距有效的参与机制的形成还有很大距离，重要原因在于，多民族地区参与治理的具体机制匮乏，导致参与不畅，具体表现为：一是在社会公众对治理多元需要的背景下，政府也意识到了多中心治理的必要性，其中非政府组织的治理作用是政府不得不重视的一个方面，但是，由于政府长期形成的对非政府组织的严格管控，尤其是多民族地区政府治理的压力更大情况下，对非政府组织的管理更为谨慎，因此，在非政府组织参与治理的机制方面，宏观的顶层制度设计，原则性地规划了社会治理需要发挥社会组织的作用，但是并没有体现出具体的法律规制，也没有体现出切实可行的操作方案。二是微观机制供给乏力。虽然像多民族地区的云南民政部门在推进社区治理中也出台了具体的社区发展意见，其中涉及的社区社会组织参与治理的具体机制明显不足，参与社区治理的非政府组织的范围有限，主要是准官方的社会组织，相当一部分是由政府拨款成立和运行的，这些组织在矛盾发生时社区居民往往对其信度不高，难以整合凝聚社区居民共识。另外，微观机制上，对哪些非政府组织能够参与哪些方面的社会矛盾预防与化解、在什么阶段、与哪些机构对接、治理信息的上传下达、社会危机事件的性质和演化方向的共同判断、治理手段和方式的选择等方面还没有更好的机制。三是宏观、微观和中观参与机制既无衔接，也无互洽性的可行性机制供给，三者之间难免冲突。

四 法律和政策对多民族地区非政府组织参与治理的机制创制不足

多民族地区非政府组织的法律规范框架较为笼统，比如民族区域自治法关于社会组织的条款很少，虽然其立法精神在于如何实现民族自治权，在这一立法精神指引下，民族地区的一些传统组织有一定自主活动空间，但是有关非政府组织与治理的关系几乎空白。再者，多民族地区也涉及相应的非政府组织的管理条例、办法、规定等规范性文件，不过这些文件大多只是规定了登记注册需要哪些条件、如何登记以及对直接登记之外的其他非政府组织还要经过严格的登记前置审查程序，一旦登记之后，如何行使日常管理缺乏规定。非政府组织登记之后管理很松，有些流离于监管之外，更别说加强对这些非政府组织的培育了。还有就是对非政府组织参与治理工作，既缺乏程序上的认证，也无实质性操作的条款规定。在没有法律政策明确授权参与治理的情况下，多民族地区的非政府组织多为"影子推手"，退居幕后，这样又给政府造成安全变异警醒认知，最终影响政府对非政府组织治理功能的信任度。

五　政府对非政府组织的发展处在"放"与"收"的两难处境

从多民族地区的社会矛盾现状和治理压力看，治理任务较过往更加复杂，治理压力更大，政府在治理的资源开放、管理方式、多元主体尝试、治理与维权并存等诸多方面探索性打开原来封闭的口子，有选择性地与非政府组织在治理中进行合作，采取的基本步骤为吸收—协作—合作的路径，适度引导非政府组织参与到风评、社区矛盾化解、非政府组织内部矛盾调停处理、民族矛盾、经济矛盾、社会矛盾、风俗冲突引起的矛盾大调解等领域。但是由于对非政府组织的警惕惯性影响，对一些非政府组织参与社会矛盾的化解和预防也有收缩的一面，比如，对境外非政府组织的非公益性活动有收缩态势。这样多民族地区非政府组织就不可避免地陷入既想发挥非政府组织治理功能以减少和化解社会纠纷，又由于非政府组织缺乏内外机制和资源及自身能力，导致政府有对非政府组织在治理中的作用时陷入既进行严格控制，又想发挥非政府组织作用的两难境地。

六　非政府组织在风险防范和维护社会稳定中体制外的机制亟待建立

这里主要针对大量存在的草根组织参与治理的体制外机制的建立问题。多民族地区非政府组织的一大特点就是草根组织十分庞巨，这些草根组织广泛分布在社区基层，与少数民族群众最为贴近。但是，这些组织既存在形式合法性危机，又存在实质合法性危机，呈现双重危机的缺陷。在家族精神影响依旧和部分少数民族群众原子化趋势加剧的情况下，重塑基层社会精神体系，整合民众共识，是当前治理的一个重大问题。因此，需要新的组织整合，活跃在广大城乡基层社区的草根组织虽然也有封闭性特点，但是可以弥补基层社会归属弥散的缺陷，整合草根组织内的成员，并适度外溢。从多民族地区众多草根组织的治理参与来看，不仅缺乏参与的制度外的机制安排，就连名分也存在非法的问题，因此，多民族地区政府应当创新机制，在现有体制外以灵活的政策方式，创建一套适应多民族地区草根组织发展的体制机制。

七 多民族地区非政府组织弱、小、散，需加大引导、培育力度

多民族地区非政府组织的数量占据优势，比如云南作为多民族地区的非政府组织数量较大，除了境外非政府组织和省内外知名的非政府组织在社区经济生产及文化发展的项目运行方面较为成熟、有效以外，大量活跃在基层的社区非政府组织普遍存在着弱小散的问题。这里面有两种情况，一种是登记注册的非政府组织，主要是政府鼓励支持的各类非政府组织和近年新生的社会组织，如一些行业协会、专业合作组织、社区服务组织、兴趣组织、老年协会等，在内部治理、资金来源与运作、人力资源、组织章程等多方面存在着一些亟待提升和拓展的方面。在笔者调查的 50 个社区非政府组织的样本中，设有理事会的占 63.4%，一些互益性的组织没有理事会，资金年支出在 5000 元以下的占 21.1%，当然也有支出较大的。人力资源方面，没有稳定志愿者来源的组织占 19.3%。具有参与社会矛盾化解经验的占 51.4%，但主要是解决社区居民之间关系的矛盾，解决社区与其之外的相关人员之间矛盾的占 46.7%，在化解矛盾过程中，真正起到息事宁人效果的也只占 47.6%。另一类为草根非政府组织，这类组织的生存及发展状况更为复杂，在笔者进行的 42 个样本的调查中，发现 40% 左右的非政府组织规模较小，资金存在问题，也有规模较大的非政府组织，总的来看，因身份缺乏合法性问题，影响草根非政府组织介入治理的可能性及效果。一些草根非政府组织有参与治理的愿望，但是担心参与治理事件时因身份

问题被质疑，甚至担心可能被扣上搅局者的帽子，进而影响参与治理事件的深度和效果。正因如此，导致一些非政府组织不得已隐藏在事件背后出谋划策，或以资金支持相关者的诉求活动等。同时，由于资金、能力、内部约束等方面的原因，一些草根非政府组织在危机发生时动员和影响利益诉求者的作用有限。

第三节　多民族地区非政府组织推动治理方式转变存在问题的原因

非政府组织涉及人类生活的方方面面，从文化到宗教，从人权到战争，从经济到环境，等等。由于某些非政府组织认为现行的立法和建制还有待完善，所以要团结起来保护和捍卫"某些一贯蒙受损害的利益"；它们企图通过集体行动，掀起社会的根本变革和扭转政治的大方向。

一　文化力偏弱是制约民族地区非政府组织发展的重要因素

文化力在多民族地区难以发挥对非政府组织强大的舆论引导作用。多民族地区依靠现代科技手段获取信息的能力较弱，客观上导致文化力的舆论引导力发挥不足。经济社会发展水平也决定了多民族地区的公民道德建设、公民素质教育实践活动、群众性精神文明创建活动和各种健康有益文明向上的群众性文化活动开展不足，公民的科学文化素质和文明素养提升缓慢。尤其是行政文化的制约，政府治理理念和传统强力控制型治理方式的惯性积厚，从文化属性上看，还是传统的控制型治理文化，对多民族地区的非政府组织治理嵌入没有形成综合集成效应的文化氛围。正因为文化发展滞后，多民族地区非政府组织的扶贫济弱的服务功能与代理利益诉求者表达利益的价值作用还没有形成有机的对接理念与机制。

二 政府传统控制理念与方式影响多民族地区非政府组织有效参与治理

政府传统控制理念与方式，要在与社会特别是非政府组织的互动关系中不断转变和创新，其中需要把控两个基本方向。

第一，政府的理念要从传统的控制社会转向服务社会。非政府组织自身具备聚合公民利益、表达群体诉求的能力，带有满足大众需求、提供公共服务的良好动机。非政府组织将许多公民分散的利益要求整合成为一个具体的、为多数人接受的合理诉求，然后再向政府部门传达这种诉求。政府部门应给予大力支持，提供服务，弱化控制。

第二，政府部门需要给予非政府组织更多的信任。对于一些需要与公民进行充分沟通才能达成的社会管理工作，可以考虑让一些有公益心、有能力、有责任感的非政府组织来参与其中。比如一些法律常识、公共道德的社会宣传工作，可以授权一些非政府组织来协助有关政府部门做好针对特定人群的宣传工作。既可以降低成本，又容易被民众所接受。

第三，在基层民主建设中允许非政府组织承担公共产品。政府部门要打破传统的国家与社会对立的观念，树立政府、市场与社会相互依存、协商合作的行政观，促进政府、市场与社会在社会发展中的合作共治。政府部门、社区或非政府组织应加强对非政府组织运行理念及功能等的宣传，让更多的社区民众了解非政府组织。让非政府组织在与政府部门的合作交流及公益活动的开展中增强合法性。

三 非政府组织在农村的活动目的与影响多样

成熟的科研、文化、宗教等类型的非政府组织在农村的活动目的与影响多样。有宗教背景的非政府组织是指以宗教信仰为基础，致力于社会关怀与同情的非营利组织，该类组织鲜明地宣示自己的工作和活动动机是出于宗教信仰，一般都有宗教机构背景或与神学传统相联系，该类组织招募的雇员和志愿者一般都有宗教信仰。有较强的专业知识和志愿精神。近年来，随着我国卷入全球化的程度加深。越来越多的境外宗教背景非政府组织进入公众视野。有宗教背景的非政府组织在世界范围内异军突起，其作用和影响日益扩大，有时甚至左右国内公共事务和国际事务的解决，成为政府与市场之外的一支独立的社会力量。他们的活动形式多样，包括人道主义救援、医疗救助、教育助学、扶贫开发，在从事这些救助、慈善活动的同时是否暗含着信仰因素，不易判断，某种程度上给我们的认识与判别带来一定困难。但是，不管怎样，放眼世界，宗教组织作为非政府组织职能在其精神价值追求范围内提供精神慰藉、向善施善、扶贫救助，不能逾越边界干预安全，更不能做出与社会主义相违背的行为。多民族地区宗教组织众多，信众众多，只能引导其参与有限度的治理，比如，可以适度发挥宗教组织作用，对僧侣及信众的行为进行引导。科技类、文化类的新兴组织在农村的影响日益扩大，因这些组织为农村居民提供福利惠宜，农村村民对这类组织的信度较高。当然，也不排除其他影响，有些非政府组织在实施相关扶助工作时，对政府行为进行与民众价值期望相向的评介，对此会产生多种影响结果，不乏负面的影响。

四　民族地区个体易受体制外力量的嵌入

多民族地区大多贫困，文化建设投入有限，文化基础设施普遍落后，传统民族文化与现代文化融合、转化、提升的进程较慢，在文化观念、市场竞争意识方面较为滞后，处于劣势。多民族地区容易被一些境外打着宗教交流甚至是以帮助我国边民发展经济、开展扶贫工作幌子的敌对势力利用。改革开放以来，多民族地区遭受"黄、赌、毒"的影响，在一些边境多民族地区，毒品渗透给我国边境民族地区造成的危害极大，早已成为各级政府甚至国际社会关注的焦点。生活在其中的个体，容易受体制外力量的嵌入与渗透，其表现形式及其影响复杂多样。如饱受毒品灾害的大凉山地区的彝族同胞个体生存状况，已经引起包括非政府组织在内的外界关注。受到境外三股势力影响利用的部分民族分裂分子在一些地区打、砸、抢、烧，给人民生命财产造成重大损失，给各族群众生命财产造成极大损失，对社会稳定造成严重影响。因此，也不排除一些非政府组织在背后有暗渡陈仓的行为存在，致使政府对非政府组织参与治理有信任上的危机感，进而影响非政府组织发挥治理功能。

五 多民族地区非政府组织参与治理的立法滞后

目前，多民族地区在治理方式、治理思维模式等方面有着开放性变化，政府以因事而为的政策在积极探索非政府组织介入治理的法律途径，比如，云南怒江州、大理州、临沧等地在综合治理的路径探索上，逐步吸纳社区社会组织的参与作用，并通过两新社会组织的培育及党建工作，加强对这些组织的引导。如成立于2015年6月2日的云南省禁毒志愿者协会在政府指导的禁毒治理中以保山、德宏、西双版纳、普洱、临沧、红河、文山、怒江8个边境州市为治理重点，效果逐步凸显。但是，这种合作机制是"吸纳—协作型"，还没有上升到合作的良性状态。吸纳是政府单边主导，协作则具有功利主义的功利性，合作是平等、互信、嵌入依存的关系。因此，要通过建立和完善非政府组织法律制度，加强立法，加快立法，力争形成多层次、效率较高的法律规范，为非政府组织发展提供法律保障，让非政府组织与政府治理合作有着实质性参与机制。将政府监管行为以法律形式确定，在此基础上规范非政府组织与其内部成员关系。政府进行必要的监督，通过制订相关规范，明确非政府组织内部成员所应享有的基本权利和承担的基本义务，使非政府组织及其成员成为治理的重要力量。

六　政府对待非政府组织治理作用的思路没有因时而变

政府对待非政府组织的思路，需要与时俱进，不断创新。一是没有很好地推进分类指导。对于大多数遵守我国法律，积极帮助经济社会发展的非政府组织要大力扶持，营造良好社会环境，促进其发展。对于少数破坏社会稳定和国家安全的非政府组织，要坚决抵制和打击其非法活动。为此，政府应主动强化非政府组织管理，但不是管理非政府组织本身的活动。二是没有建立相关微观机制。基层治理问题需要政府与社会互动的微观机制，基层政府治理有三大机制，"抗争后的讨价还价；对社会不稳定因素的制度化吸纳；以及庇护—服从关系"[①]。三是没有很好地克服治理背景下对非政府组织的排斥性思维。治理不能单纯成为维护既得利益和既定体制的手段，不能轻易把民众的诉求视作不稳定的来源。政府对非政府组织利益表达的尊重可以增强社会凝聚力，弱化社会冲突。在全球化背景下，民族国家需要出让一部分权力，让跨国机构、非政府组织、大型公司等成为国际交往领域的主体。四是利用新媒体开展与非政府组织的充分互动。互联网已经成为社会互动的重要渠道，成本低廉、传播迅速，但监管较难。近年来，云南晋宁县富有村的拆迁征地恶性事件、汶川地震后的抗震救灾、"4·16"涉日事件、云南"躲猫猫"、上海"钓鱼"执法等成为人们关注的焦点，在相应的社会回应中，非政府组织可以发挥特殊的作用。

[①] 上海市哲学社会科学规划办公室：《国外社会科学前沿》，上海人民出版社2014年版，第18辑。

第六章　对策建议

　　就民族地区而言，非政府组织呈现多样化、复杂化发展趋势，在经济和社会急剧转型的当下，社会基层权力和权利交错复杂，城市社区与农村社区差异较大，民族区域自治和乡政村治并存，村两委的多重博弈，家族势力、宗教势力与弱势之间的表面平静实则暗地紧张，外来力量和本土力量的渗透与离散等都考量着治理的智慧。面对如此复杂的形势，要根据民族地区城市和农村社区不同情况，分类选择治理模式，创新治理机制，不能为了形式上的治理过分倚重家族势力，让强势农民压着弱势农民，更不能倚重传统势力浓厚的组织，比如宗教组织作为治理的基础，要充分发挥党政整合、主导功能，致力于建构新型基层社会格局。多民族地区社会稳定的基石在于经济增长、生产发展、福祉共享、民生有保等与少数民族居民利益息息相关的领域。活跃在民族地区大量的各类非政府组织对民族地区的经济社会发展起到非常积极的推动作用，为补充当地经济发展、利益增长发挥着重要作用，其积极作用已经得到公众认可与信赖。随着十八大以来社会治理体制不断创新的推进，非政府组织逐渐介入社会结构的重塑过程，在政府与个体公民间架起沟通的桥梁，发挥"治理安全阀"功能。为此，政府既要提振对非政府组织的信心，树立合作价值观，也要对各种形式的非政府组织进行鉴别、规范、引导，使其在治理中发挥积极正能量。

第一节　重视非政府组织在治理
　　　　方式转变中的作用

思想是行动的指南。目前各级政府已经认识到非政府组织在提供社会公共服务中的作用，开始引导、规范非政府组织的行为以积极促进其更进一步为社会提供良好服务。从改革的进程看，经济发展领先社会发展，社会发展滞后于经济发展，这种非均衡发展已经显现出较强的反制作用。过去思想观念中有一种认识，就是只要经济发展了一切问题就能够解决，然而事实并非如此，经济增长是基础，但是，经济增长过程中还有个共享、分配问题。若共享、分配机制出现问题，则会影响财富的进一步创造。党和政府已经注意到这种问题的严重性，在集中精力发展经济的同时，加快推进以利益共享为基石的社会建设进程。党的十六大正式提出和谐社会建设的重大战略，党的十八大以来提出社会治理体制创新，由管理向治理转变。同时，在社会结构调整上，加快推进社会组织建设，先后出台一系列法律法规和规章，地方政府也相继出台若干具体实施办法。民族地区也结合自身实际出台了系列建设意见办法等规范性文件，有力促进了社会组织的发展。虽然使用的是社会组织而不是非政府组织的概念，但是，在实践中，社会组织与非政府组织具有内涵和外延的同质性。不同层级的法律法规规章对发挥非政府组织在社会服务领域的积极作用提供了良好的政策法律环境，有力推动了非政府组织的发展。纵观这些法律法规等规范性文件，其内容基本上是关涉非政府组织在准入条件的开放、发挥功能的领域、承接政府职能管理职能的转移、政府购买社会组织服务、社区社会组织服务等领域，也涉及非政府组织在化解基层矛盾、调解纠纷、社区矫正等与治理有关的事项，但总体而言，涉及直接发挥非政府组织治理功能的参与机制、治理作用等明显不足。面对日趋严峻的治理形势，需要进一步解放、重塑治理机制，重构治理结构，拓宽非政府组织参与治理的渠道，建构开放、协调、充满活力的治理系统。

一 树立以利益与治理相结合的新型治理观

治理目的就是治理要实现的目标，直接来看就是追求社会安定局面，保持社会秩序的稳定、顺畅，防止社会出现秩序混乱，惩治违法犯罪，矫正社会偏离。从较高层次看，稳定压倒一切的价值理念，目的旨在追求实现发展目标乃至中国梦的国内社会环境。从治理的最终目的看，就是解决治理为了谁的问题，到底是追求形式上的稳定"消灭矛盾""将矛盾消灭在萌芽状态"，还是切实解决党长期执政的基础安定环境问题。回到基层，到底是通过强势压制弱势，还是切实为了解决帮助弱势、增长利益，实现共享，进而筑牢执政基础问题。从近年来发生的群体性治理事件或个体的反复上访抗争而言，基本上是弱势的抗争。历史规律证明，帮助弱势、实现社会公正是任何一个执政阶级的基础，因此，这个思想观念一定要牢固树立。如果采取暴力治理，运用强势治理，平静时期不会有事发生，但是，一旦遇到国内外大事，比如战争、社会运动等，就会产生很大的麻烦。有些地方基层政府对这个危机认识还不是很到位。谁都明白，人民内部矛盾只能靠"输"而不是"堵"，要切实树立"以人为本"的治理理念，治理就是维权，就是从根本上维护少数民族群众的利益，这才是实现民族团结、和谐发展的长久之策，才是多民族地区治理的核心目标。

二 充分认识到多民族地区非政府组织的"治理安全阀"作用

党委和政府要正确定位，加强与非政府组织的合作、沟通与引导，充分发挥非政府组织的治理作用。各级政府是治理的主导力量，在实际治理中，思维惯性导致手段单一、方法粗放，过于倚重强制力量，当然效果甚微。在明令禁止运用公安力量介入因民生利益诸如征地拆迁、开发移民、环境资源、邻避工程等原因引起的群体事件之当下，又出现诉求民众工作做不通，干部苦口婆心劝说没人听，甚至是政府承诺也无人买账的尴尬局面。比如，2011年发生在云南的"绥江事件"，原因是葛洲坝集团在绥江县修建橡胶坝水电站，涉及几个乡镇5万多名村民异地搬迁，村民一开始对移民搬迁就有意见，有些村民本来就不愿离开世代居住的村子，加上补偿标准被认为过低（据报道每月每人160元的生活生产补助），起初有村民不断找开发集团谈判，或者到乡镇、县政府上访，结果迟迟未得到解决。诉求的人越来越多，最后酿成大规模的群体性事件。通过对事件的发生、进程、演变分析，可以看出，政府对事件的研判、预防、处理等方面存在着治理思维定势的负面影响。没有对事件的科学预估，没有发挥事前与村里社区组织如专业合作社、老年协会、红白理事会以及在该地区进行项目援助的社区合作伙伴、香港施乐会等组织的有效沟通，没有与这些扎根基层的外来或本地组织建立治理事件过程中的相互信任联系，无法正确感知和体会村民想法意见、诉求积累的切实体验，只有在事件失控影响到执政政绩时才派人劝说、疏导，时已晚矣，愤怒的村民哪里还听得进去什么承诺，已经不相信政府的任何承诺，要的是有法律效力的兑现。此次事件中，并没有看到媒体报道非政府组织在此次事件中的身影，但是，村民微信、信息的联络构成的临时偶合性"事件共同体"所起的准组织作用不可忽视。非政府组织具有情绪感知、缓冲危机、减缓压力、排泄怨恨的安全阀作用，政府应当改变以往的治理观念，建立与非政府组织的沟通机制，发挥非政府组织的功能，提前掌握群众利益关切，把准心理期待程度，并通过民众和政府共同信任的非政府组织进行理性协商、交谈，避免事件发生时的无奈之状。

三 转变多民族地区治理思维方式

思维方式决定危机处理能力的高低，符合规律的治理思维方式是治理能力的集中反映。近年来，学者对治理思维方式转变的研究兴趣浓厚，成果丰硕。最大共识有两个方面，一是运用法治思维来治理，变刚性的静态治理为柔性的动态治理；二是对分布在城乡社区的各类非政府组织在治理中的作用应当给于重视，将非政府组织的治理作用扩展至治理的全过程，不能仅仅局限在参与调解纠纷、社区矫正领域，创新科学的机制将非政府组织的治理作用纳入到法律法规中去，在民族地区，还要通过发挥自治条例和单行条例对非政府组织在治理中的作用予以规范。传统治理思维方式向法治治理思维方式转变过程中，非政府组织不应当缺位。特别是社会治安综合治理相关规定中扩大对非政府组织的作用范围。法治治理思维方式的确立，不是简单地理解为靠法律来惩处治理事件中的首要分子或积极分子，而是要求构建程序化、预防性、救济性的整套程式措施，形成各环节、各要素无缝衔接、开放包容、利益合理的程序和实体结构。

第二节　创新多民族地区治理机制

治理机制是治理主体、治理对象、治理目的、治理手段、治理责任、治理绩效、治理运行等各种治理要素相互作用、相互制约、相互影响构成的协同体系。综合学者观点和官方做法来看，治理机制包括主体机制、责任机制、信息机制、评价机制、矫正机制、手段机制等方面。就目前民族地区基层治理机制的选择与运行看，存在明显缺陷，比如政府治理过程的排斥性，公众参与不足，特别是非政府组织参与治理的排斥性特点明显，且存在着短期性目标、评价标准"唯上"等问题。

一　创新多民族地区非政府组织发展机制的环境

地方民族地区非政府组织发展存在着高低不同的差异性，活跃在民族地区的境外非政府组织（简称 NGO）自身能力、行动理念、内部治理、成员素质、资金支撑等方面都有着较为成熟、规范的运行机制，比如，云南作为境外 NGO 大省，现有的 NGO 提供用于支持贫困民族乡镇、村民经济援助、教育能力提升等若干方面的财力支持相对较为充足，管理水平较高，与当地政府和受众主体之间的对接也较为顺畅。在民族地区开展公益活动的国内本土非政府组织的发展状况相对境外 NGO 而言，除了部分资金雄厚、能力较强的非政府组织和政府大力支持的非政府自组织之外（比如壹基金、张国立基金、云南省青少年发展基金会、云南省海外公益基金会、马云基金等），其他非政府组织较弱，存在自身能力减弱、管理水平较低、内部治理亟待完善、从业人员素质需要提高、人员结构有待优化、资金少且续接能力差等问题。还有一个亟待关注的问题是，活跃在广大民族地区城乡社区的自由、灵活的未登记、未备案的草根非政府组织（包括网络虚拟非政府组织）还没有纳入到政府管理、支持的范围，这些组织的活动能力、宗旨、目标、责任等都有待"转正"。此外，民族地区尤其是民族乡镇村社区存在着大量的以民族习俗、文化观念、行为模式、民族信仰等为基础和纽带成立的各类非政府组织，具有鲜明的民族内生性、结构严实性、利益共同性的特点，需要融入和吸收更多的现代公民精神、公益精神、非营利理念、包容开放品质以实现由村级权威人士为主导的非政府组织向现代公民组织的转化升级。针对上述情况，政府应当发挥政策指导、整合功能，创新机制，鼓励、引导、支持非政府组织的发展。

二 分类支持，推进多层次的非政府组织形成良好发展生态

实际上，每一类非政府组织都存在发展面临的内部和外部环境问题，境外非政府组织的发展存在着管理过严、政府信任不足的问题，比如云南境外非政府组织目前的管理制度还有待提升，登记备

案、项目合作、业务主管分别归口三个不同的机关，备案在民政部门、项目合作在省外办审备、业务主管归口省商务厅，涉及安全活动报告则归口于省政法部门，管理上存在不统一的情况，给活动带来一定的约束。2016年4月29日颁布的《中华人民共和国境外非政府组织境内活动管理法》，根据实际情况，统一备案和管理机关为公安部门，但同时规定境外非政府组织开展业务必须由业务主管部门同意（没有用"审批"一词），开展项目合作必须与中方相关非政府组织或机构合作，不能单独开展项目活动。另外，归口至公安机关也会给人造成对非政府组织活动带来安全问题制造者的印象，据了解，目前一些外境非政府组织对登记和下一步如何应对和进行项目合作正处于观察期。针对云南省内众多的非政府组织登记现有新的社会团体管理条例和慈善法予以规制，但是，总体看，设置的资金门槛和人员门槛（50人以上）还是将大量的草根组织挡于门外。还有一些单位特别是民族地区高校内部的自愿者组织，在为贫困同学遇到其自身难以抗争的疾病进行公园、街头、车站、码头等公共场所进行募捐和微信众筹时该如何处理，其行为判定将走向何方尚未定论。另外，对虚拟非政府组织的管理还存在空白，尽管有多个关于网络管理的规范性文件，但是，涉及虚拟非政府组织的管理尚未建立。为此，政府需要通过综合性政策供给对民族地区的非政府组织进行整合，使得各层次、不同地位的非政府组织在宗旨、任务、内部治理、外部环境、活动程序等多个方面形成互融共生、互补互助、互通互联的非政府组织生态机制。

三 创新合理控制与顺畅参与机制

非政府组织不是任意游动的原子，需要控制、引导，但是，并不意味着强力控制，是要求政府在民主政治、社会建设、市场与政府关系上充分发挥调控功能，在控制与参与之间构建良性关系。首先，政府在非政府组织发展的外部环境上，积极建构宽松包容的社会环境，顺应社会结构开放的必然趋势，下决心解决政府与市场关系，市场空间扩大利于社会空间拓展，宽容的外部环境对非政府组织发展起到极大的推动作用。其次，扩大民主参与渠道，真正发挥非政府组织在民主参与、协商民主、民意表达等领域的正向功能，良好的民主参与渠道有利于非政府在协调利益主张、理性表达诉求、有序实现愿望的化解与协调。民族地区基层政府要在确保少数民族依法自治权有效落实的前提下，通过宏观调整职能的运用，引导基于民族特质而成立的非政府组织在维护本民族利益时，发挥沟通、协商功能，处理好与其他民族之间因公共资源享有、环境保护、大型基础设施建设、矿产开发、水电开发等领域涉及公共利益时的纠纷处理。再次，政府要做好分类评价机制的创建和完善。非政府组织的参与机制，需要公众对其的信任为基础，更需要政府的信任为前提，否则，民族地区的非政府组织参与渠道将会受阻，因此，建立分类评价机制十分必要。可以建立境外和境内本土评价机制两类，评价标准不能"一刀切"，应当充分考虑城乡社区、民族特性等特点分别制订层级条件，当然大的共性条件应当体现，具体细化条件要区别设定。评价时，要提高公众对非政府组织认可的比重，不能只有政府或第三方评价机构的意见。

四　完善法律调整机制

回顾改革开放的历程，基本上是沿着先行先试的模式进行，成熟后上升为规范性的普遍意见，非政府组织的发展也有着同样的路途模式。非政府组织的发展是随着社会变迁、经济转型兴起以及在社会需求动力的拉升中不断生长。并非先有成套的法律法规和规章制度才有非政府组织。事实上，从非政府组织发展的过程看，完全是先行先做，在现有法律边缘和空隙中艰难跋涉，在正式制度中寻求生产空间，以不违法的民间性、日常性行为慢慢前行，坚韧地一点点服务社会公益，传播公益精神，正是这种明显区别于发达国家非政府组织的外部环境和内在品行,才以自己的实际行为倒逼政府在制度空间和法律供给上逐步建立。法律不是万能的,面对民族地区非政府组织的复杂性,现阶段也难以做到通过统一的法律规范进行调整,没必要将带有自主性、自治性很强的社区非政府组织统统纳入到法律轨道中来。但是,可以分类推进,以点带面地切入与推进。

十八大以来,社会组织建设进入加速发展轨道,中央和国家层面政策供给逐步加大,出台了一系列的政策、法律、法规等,如中共中央2016年8月出台了《关于改革社会组织管理制度促进社会组织健康有序发展的若干意见》、2012年12月民政部财政部《关于政府购买社会工作服务的指导意见》、2016年10月司法部等《关于社会组织参与帮教刑满释放人员的意见》等,从社会组织参与的范围看逐步扩大,职能指向不断明确,对能力建设要求逐步规范。此外若干法律法规颁布,比如社区社工组织发展意见、行业协会承接社会服务意见等。民族地区要都有相应的具体实施办法或管理意见。

综合来看,民族地区在治理方面就非政府组织的作用而言,还有待完善法律机制。要在提炼、运用现有政策、法律法规的基础上,针对治理中非政府组织参与治理方式进行创新。不仅仅局限在民族地区非政府组织参与社区矫正、刑满释放人员帮教、有限参与矛盾调解,在城乡社区非政府组织过程参与上完善机制,而应该就非政府组织参与治理的地方性政策、预防、执行、信息扑捉、传递等各个环节要有相应明确的定位,不能等矛盾、事件发生了再去找非政府组织,这时的非政府组织哪里有能力摆平激烈的矛盾对抗。

第三节 具体对策

基于合作主义,针对如何建构非政府组织与治理之间良性关系问题，建立健全非政府组织法律、规范政府评价、处理好支持、保护和引导的关系、强化内部管理规定建设增强良性自律。如何完善人才、资金、管理保障制度、加强对农村非政府组织的建设避免功利性、盲目性、非政府组织利益调节器和维护社会稳定的安全阀。将非政府组织的作用纳入到治理工作制度中、变静态治理为动态治理的治理方式。

一 夯实多民族地区治理的利益基础

维权与治理相结合来推进多民族地区社会稳定为首要选择，在维权与治理的关系上，重中之重是协调好利益关系，要分享利益、稳人心、得民心，唯有如此才能构建长治久安的治理格局。当下，多民族地区发展相对滞后，利益分享悬殊，发展能力不强，市场竞争能力弱，发展积怨和受剥夺感容易成为矛盾爆发的根源。云南作为全国重要生态安全屏障，环境保护与发展的矛盾十分突出，有相当一部分国土被划定为生态主体功能区，被禁止或限制开发，给当地居民经济发展带来限制，特别是自然保护区、国家公园、湿地公园、森林公园数量众多，生活其中的居民在这些保护区内的生物、自然资源寻求发展的机会因保护政策的限制而无法像以前那样自由实现，比如，树木不能砍，甚至自然保护区核心区、缓冲区内不能养殖、不能搞林下产业等，导致居民经济收入不能与其他地区那样同步增长，矛盾隐患增大。

为此，要消除矛盾隐患，就不能再无视这些地区居民经济发展现状了。一是结合当下全力推进的精准脱贫，针对这些保护区周边的居民实行特别优惠政策，加大经济发展力度；二是真正发挥包括境外、省外及本土非政府组织提供社区发展功能，鼓励非政府组织在环境保护以及社区在持续性发展、绿色信贷、能源替代等方面发挥更大作用；三是在财税制度、共享制度、自然资源价值分享等领域加大创新和供给力度，让多民族地区居民在保护自然资源的同时，通过自然价值入股分红等方式增加他们的收入；四是发挥非政府组织在培育社区居民自身能力建设优势的基础上，对社区居民进行科学技术知识、文化素养的培训，转变生活方式，培育村民遵守自治公约、民族道德风俗的自治性和独立性，舒缓心理情绪；五是努力打造利益与责任统一的命运共同体，形成共建共享新格局。

二　构建多民族地区非政府组织与政府的合作关系

民族地区的非政府组织与政府之间的关系不是对抗的关系，非政府组织参与治理只能是合作而非对立，更不是专门与政府抗衡，这也是当今政府与社会关系的基本实质，只有合作主义的多元才是非政府组织发挥治理作用的基础。

第一，治理主导的政府要真正看到非政府组织在治理中的积极作用，愿意将相应的非政府组织纳入到治理方式的结构中去，信任、行动是先导。政府愿意发挥民族地区非政府组织分布广、涉及领域多、与乡城社区少数民族天然贴近的优势，真心倾听非政府组织反馈的稳定信息，就是宗教类非政府组织提供的信息也要有制度性保障的鉴别、采信机制。

第二，构建政府信息向非政府组织传递的渠道，政府治理信息需求下传、非政府组织捕捉信息上报的管道要真实顺畅，还要建构信息共商、共鉴、共同应对的沟通协商机制。

第三，发挥民族地区各类行业协会、专业合作社、红白理事会、老年协会、兴趣协会、社工组织、宗教组织在把握各自成员及亲友、邻居利益取向，心理期待，怨恨不满等情感方面的起因、演变涨落中的作用，分析纠纷成因、说服成员理性表达，安抚成员的过激行为，代表他们向政府或治理机构进行理性诉求。

第四，要充分重视草根组织在化解社会矛盾中的作用，当下，基层政府应当对各类草根组织进行摸底普查，分析这些组织内部人员构成、人员能力建设、内部治理情况、行动原则、价值理念等方面的资讯，通过政策引导使其走向正规与成熟。

三 增强多民族地区非政府组织的行动能力

民族地区的城乡社区非政府组织散、弱、小的特点十分突出，特别是民族乡镇农村社区的非政府组织不同于大中城市社区的非政府组织，资金、人员结构、内部管理、日常活动都有自己明显的特征。发达地区的社区非政府组织有着独特的优势，笔者在杭州调研时发现，杭州的社区非政府组织很发达，理念、管理、人员公益素质、理性精神等都是民族乡村非政府组织无法比拟的，就拿西湖景区来说，杭州西湖景区活跃着的社工组织、志愿者组织很多，活动者面临的任务只是提供扶老助幼、环境保护、引导游客、维护秩序等方面，不涉及利益纷争。民族地区的非政府组织面对的是经济帮扶，因利益引发的矛盾纷争，整村、整乡甚至相同和不同民族乡镇少数民族应得利益的一致性的抗争。

目前来看，民族地区的非政府组织在治理中应对群体性事件时作用不是很明显，原因是多方面的，但其自身的能力建设，特别是价值观、处理立场、诉求方式和手段等都存在着不足。因此，政府应当在引导、鼓励、支持非政府组织发展过程中，适度发挥乡村精英的引领作用，更重要的是以现代组织化、法律化的规范去建设非政府组织。不能将非政府组织在治理中的作用发挥完全倚重于基层非政府组织中的家族、宗教等强势人员身上。当然，现阶段对农村非政府组织还要大力支持，强化引导、规范机制，要防止其功利性、结构板结、盲目性缺陷。

四 构建多民族地区非政府组织参与治理的现代法律供给体系

在资金支持、人才培养、内部治理、财税激励等重要领域制订与民族地区实际相符的政策、制度。比如，云南地区因贫困致利益诉求比较突出，扎根云南城乡的非政府组织因扶贫而募捐的资金应当实行税收免除，并根据作用奖励从事公益的组织和人员。笔者在对非政府组织成员、管理部门和受众对象进行调研时发现，管理部门对非政府组织特别是民族贫困乡村的各类协会、老年队、文化自愿者的等了解还不够，大量草根组织没有进入管理部门的视野。

就云南来说，到底有多少非政府组织尚无法明确，制订的法律、政策、规范性文件，应景式、应急性的多，反映非政府组织实际迫切状况和社会对之需求状况的不多。当务之急是对全省非政府组织进行普查，分类动态把握发展现状，以当地民众需求和自身能力外溢服务为参量，制订统一的治理法律法规，或者在现有的省市（州、自治县）关于社会治安综合治理的规范性文件中专设对非政府组织参与治理的途径、作用范围、参与领域、过程机制等进行系统设置，避免现有规范重复、多头、多领域呈现碎片化、冲突化、执行弱化的缺陷。要从多民族地区的实际出发，给非政府组织在治理中明确进行法律定位，找准其在法律中的角色，在执法、司法全程中融入非政府组织的作用。

五 发挥多民族地区非政府组织"安全阀"作用，构建嵌入型动态治理模式

民族地区非政府组织之所以被称为"安全阀"，是因为非政府组织对治理事件有事前风险感知、情感传递、事中利益代言、诉求表达、事后怨恨吸纳、化解的作用。在一定程度上，起到减压、排泄、稀释怨恨的功能，引导村民有序排泄怨恨，减弱心理积怨，利于矛盾理性解决，避免地方基层政府为防止造成负面影响而采取刚性治理手段带来的严重对抗。例如，2003年云南怒江建坝事件。整个事件过程中，大公司和政府计划开发怒江之后，泸水、福贡、贡山的群众就在民间传递这类信息，当地环境保护组织和致力于高黎贡山环境和生物资源保护的专家也以不同方式传播开发信息，并认为开发怒江将是严重灾难。当地民众也有这种认识，但是难以达到

这种高度，他们天然认识自己世代生活的家园、环境不应当受到破坏，这会构成对他们的生产、生活损害，起初也有居民以个体或耦合体的方式进行抗争，据网传，有的拿着棒棒之类的工具抗争，说是阻挠建坝施工（笔者 2015 年 4 月在怒江调研发现这种传言是不真实的，当时，根本没有什么建坝施工，村民的行为针对的是怒江沿岸大大小小的二级电站，这些电站基本上是私人建的，利益分配不均，村民有怨言）。后来经媒体传播怒江开发的事件成为公众关注焦点，一时间当地居民群情激奋，但又找不到好的方式，郁闷、愤怒、不满情绪攀升，这时有环保非政府组织介入，环保人士开始利用资源通过人大代表、政协委员、知名媒体、环评中介等不同力量，通过媒体施压、调查了解群众意见、评估论证、向上反映等方式，巧妙运用国家在环境保护和关注基层弱势的大背景下，获得了合法性和道义支撑，与国家战略方向一致，最后化解了这次影响较大的危机，群众怨恨得到平息。

  安全阀功能的发挥要求建立畅通无阻的真实信息传达和反馈机制。一是充分发挥非政府组织贴近群众、融入基层、同感通联的优势，第一时间获知、捕捉影响稳定的信息，对信息进行分类，并逐步判定原因，及时与利益相关方沟通。二是建立政府与非政府组织之间的信息传达、研析机制。设立非政府组织和政府共享平台，保障平台设施信息传递畅通无阻，打造治理信息高速路，确保不同类型的少数民族纠纷的真实信息能够上传下达。三是政府在处理群体性事件时要确保信息真实公开，信息公开是治理的解毒剂。

结　　语

在我国社会转型、构建社会主义和谐社会的进程中，政府正在向服务型政府转变，一些政府不该管、管不了、管不好的事情正在逐步被让渡出来，由市场和社会的力量来承担，充分发挥多元主体在社会管理和社会建设中的作用。在承担政府转移出来的公共服务职能方面，非政府组织可以成为政府管理社会的得力助手，补齐社会建设的"短板"，致力于建构以多民族地区民众物质和文化利益为核心，以非政府组织提供经济帮助、提高生产能力和提升综合素质为基础，以与政府合作，通过项目运作为支撑的嵌入型动态治理方式为目标的新模式。

后工业化时代需要非政府组织发挥补足发展代价的弥合作用。非政府组织兴起以来，随着国家公权力淡化和社会公权力加强，政府的一部分管理职能转向社会，政府组织和企业组织以外需要关注的领域与空间，给了非政府组织来填补空白的机会。特别是工业化进程中引发的生态环境恶化、社会贫富悬殊等问题，并且需要第三方监督，为非政府组织的产生、活动和发展提供了广泛的空间。

多民族地区非政府组织在PPP（政府和社会资本合作）发展模式中具有巨大发挥空间。在公私合作关系中，政府与一家或多家私营部门合作，共同协商并制订条款，确定由谁提供资金、劳动力和材料，以及如何分享项目收益。PPP能为私营部门带来效率、创新和资本，同时有效利用政府提供的资金、资产、土地、税收减免，以及项目的年收益保证。政府和企业之间会签订协议，确定在项目失控情况下如何分担风险。作为第三方的非政府组织，具有巨大发挥作用的空间。尤其在生物资源丰富、社区居民依赖环境资源程度深、贫困度深的云南滇西北地区非政府组织在环境保护与社区可持续发展方面能够发挥积极作用，比如，发放绿色信贷支持当地居民创收，通过替代能源项目建设，既改善居民的生活方式，又减少对森林资源的过度采伐，在物质利益获取方式转变过程中，消解来自环境硬约束趋紧与自身发展贫困之间张力带来的怨恨。

党委和政府要正确定位，加强合作、沟通与引导，通过非政府组织了解群众的想法，做到事前防范。通过理论分析和实证研究，基于合作主义，积极建构非政府组织与治理之间良性关系。加快推进非政府组织立法进程，建立健全非政府组织法律、规范政府评价，处理好支持、保护和引导的关系，强化内部管理规定，增强良性自律，完善人才、资金、管理保障制度，加强对农村非政府组织的建设，避免功利性、盲目性，将非政府组织的作用纳入到治理工作中，变静态治理为动态治理，变被动治理为主动治理。

同时，多民族地区非政府组织自身发展也需要进一步引导和加强，增强非政府组织自身能力，建构非政府组织之间良好生态关系，避免不适当竞争。鼓励非政府组织因时而变、因势而变，适应治理新情况，承担起在治理中的应有责任。还要重点规范、引导、矫正境外非政府组织的隐性安全负向作用，在现有法律法规框架内，创新机制，引导境外非政府组织在提供环保、社区发展、经济增利等社会服务过程中向接受服务的受众居民传递构建和谐关系的积极信息。

附　　录

附录一

截至 2016 年 7 月在云南省外办备案的境外 NGO 项目详情（根据资料梳理整合获得）

1. 港澳救世军云南项目办共有 5 个项目：在漾濞县、贡山县正在开展中国儿童及青年教育计划，覆盖漾濞县富恒乡一中、五六河乡完小、苍山西镇中学、贡山县的省级民族完小、茨开郎当小学、腊咱小学、普拉底乡中学、贡山一中；贡山县预防妇女儿童被拐卖项目，省级民族完小、茨开郎当小学、腊咱小学、普拉底乡中学和米谷村，对象是中小学生和村民；贡山县少数民族生产创收项目，茨开镇茨开村委会；在龙川县开展社区发展项目，对象是景平镇、陇把镇农村社区居民；在宁蒗县看展灾后重建永宁乡蔬菜大棚援建项目，对象是泥鳅沟村；在宁蒗县看展助学金项目，对象为宁蒗一中、三中和王子树乡中学的学生。

2. 互满爱人与人国际运动联合会合作 4 个项目包括：在寻甸县开展《气候智能型农业》碳减排农村社会发展项目；在鹤庆县、香格里拉县、德钦县开展云南少数民族儿童早期养育与发展项目；在西盟县翁嘎科乡班弄村开展西盟县社区营养健康项目、对象为社区居民；互满爱人与人合作开展黄奕聪慈善基金会—互满爱人与人云南西盟"小太阳幼儿班"项目，对象为适龄幼儿。

3. 香港社区伙伴合作开展 12 个项目：德钦县巴美社区生态保护和生态生计项目，德钦县佛山乡巴美村村民、德钦县云岭乡、西当村、斯农村村民传统文化和生态保护项目，合作落地方为德钦县白马雪山社区共管协会；社区伙伴（香港）云南办事处合作开展彝族农耕文化与气候变化研究项目，地点楚雄州姚安县，合作落地方为云南农业大学经济管理学院；社区伙伴合作开展腾冲县珍稀动植物保护协会的机构使命建立项目，项目落地方为腾冲县珍稀动植物保护协会；合作开展生态农业能力建设一多元农耕价值和社区经济的探索实践项目，地点德钦县升平镇、巍山县五印乡、腾冲县界头镇、勐腊县关累镇，落地方云南省香格里拉研究会；昆明环保科普协会与香港社区伙伴合作开展"我爱昆明"本土精神探索和实践活动，地点昆明；保山学院与社区伙伴合作开展保山能源调查和意识提升项目，地点保山市；大理大学与香港社区伙伴合作开展"与社区同行—大理市大学生能力建设"项目，地点大理州大理市；云南省少数民族新闻工作者协会与社区伙伴合作开展云南少数民族智慧故事收集与社区教育项目，地点孟连县、景洪市；云南民族大学云南省民族研究所与香港社区伙伴（PCD）合作开展"哈尼族传统文化研究与生态文明建设"项目，地点西双版纳州景洪市勐龙镇、红河州元阳县新街镇；德钦县普利藏文学校与社区伙伴合作开展云南省德钦县学校与周边社区的互助学习项目，地点为德钦县普利藏文学校周边；云南高黎贡山国家级自然保护区保山管理局腾冲分局与社区伙伴合作开展腾冲县社区为本生物多样性保护本土精神探索项目。

4. 协同福利及教育基金会合作项目 9 个：禄丰县土官水利水土保持站玉碗水饮水工程项目、地点为禄丰县土官镇玉碗水村；双江县忙糯乡农村经营管理站与协同福利及教育基金开展双江县忙糯乡小坝子村委会黄河自然村人畜饮水工程项目；金平县铜厂乡大塘子小学、铜厂乡长安冲中心小学与协同福利及教育基金会合作开展大塘子小学图书补充项目；昭通市昭阳区第一中学与协同福利及教育基金会合作开展协同青少年发展项目；曲靖市沾益县第一中学与协同福利及教育基金会合作开展协同青少年发展项目；双江县勐库镇农业综合服务中心与协同福利合作开展临沧市双江县勐库镇公弄行政村以寨组人畜饮水工程；楚雄州禄丰县和平镇水土保持站与协同福利及教育基金会（香港）云南办事处合作开展健康教育促进项目，地点楚雄州禄丰县和平镇大白石岩村希石坡村小组；曲靖市沾益县与协同福利及教育基金会（香港）云南办事处合作开展健康教育促进项目，地点沾益县新海小学；大姚县昙华乡农业综合服务中心与协同福利及教育基金开展大平地人畜饮水工程项目，地点大姚县昙华乡小兴厂村委会大平地村小组。

5. 世界少数民族语文研究院（美国）云南代表处合作项目2个：文山州苗学会与其开展苗族语言文化抢救保护合作和扶持苗族学生完成学业合作项目；云南省基督教两会与世界少数民族语言研究院（美国）云南代表处开展少数民族地区语言文化遗产保护项目。

6. 家庭健康国际组织合作2项：与云南蓝天艾滋防治中心合作开展艾滋病病人结核及耐多药结核的预防和关怀项目，地点昆明市西山区；云南省防痨协会与美国家庭健康国际合作开展大湄公河次区域耐多药结核预防与管理项目，地点昆明市西山区、昭通市镇雄县。

7. 红十字国际委员会合作项目2个：云南省红十字会以及同中国红十字会合作开展云南博爱家园项目，地点红河州弥勒市、文山州麻栗坡县。

8. MOTT基金会合作项目1个：云南省大众流域管理研究及推广中心与开展绿色信贷倡导项目，地点昆明市。

9. 香港乐施会合作项目：与云南省外资扶贫项目管理中心合作开展鹤庆县社区主导型发展与参与式扶贫管理机制创新试点项目

(第二轮)，地点鹤庆县六合乡松坪村和龙开口镇下河川村、弥渡县德苴乡太平村委会和李丰村委会、南涧县乐秋乡乐秋村和公郎镇自强村、双柏县大庄镇桃园村和安龙堡乡他宜龙村、隆阳区瓦渡乡打坪村和丙麻乡阿贡田村、昌宁县漭水镇沿江村和卡斯镇兰山村、楚雄市东华镇力峨么村和路上村；云南协力公益支持中心与香港乐施会合作开展西南地区公益组织发展工作与社会工作专业能力建设项目，地点昆明市；昆明市禄劝彝族苗族自治县畜牧兽医总站与香港乐施会开展禄劝项目办2015年监测与管理项目，地点禄劝县九龙镇、汤朗乡、团街镇、翠华镇、中屏镇、马鹿塘乡；昆明市五华区益心青少年事务社会工作服务中心与香港乐施会开展基于"城—乡"循环流动背景下的流动儿童及青少年社区干预及服务项目（二期），地点昆明市普吉街道办片区；昆明市五华区明心社会工作服务中心与香港乐施会开展云南社区为本多部门合作防治家庭暴力、妇女维权项目（三期），地点昆明市王家桥等社区；云南省连心社区照顾服务中心与香港乐施会开展昆明市流动人口聚居社区综合发展项目（第七期），地点昆明市王家桥等社区；云南大学非洲研究中心与香港乐施会合作开展研究报告的翻译和出版项目；云南省国际民间组织合作促进会与香港乐施会开展镇康县勐捧镇流水村委会董家寨砂石路建设项目，地点镇康县勐捧镇流水村委会董家寨；昆明市禄劝彝族苗族自治县畜牧兽医总站与香港乐施会开展探索留住乡村第一期项目，地点中屏镇务茂德村民小组、团街镇马樱花村民小组、翠华镇汤二村民小组、大窝塘村民小组；云南省外资扶贫项目管理中心与香港乐施会合作开展鹤庆县旱灾送水援助项目，鹤庆县六合乡6个村委会52个村民小组；瑞丽市妇女儿童发展中心与香港乐施会开展云南省瑞丽市受艾滋病影响贫困家庭优秀学生助学项目，地点瑞丽市辖区；芒市爱心梦缘会关怀支持平台与香港乐施会合作开展支持艾滋病感染者项目，地点芒市辖区11个乡镇和1个街道办事处；地点昆明市西山区健康关爱促进会与香港乐施会合作开展昆明市西山区服务于受艾滋病影响人群的社会组织能力建设项目（第四期），昆明市西山区；鲁甸泉心青少年社会服务中心与香港乐施会合作开展云南省鲁甸震后重建合作伙伴社区工作能力提升和案例学习项目，地点昭通市鲁甸县；瑞丽市妇女儿童发展中心与香港乐施会合作开展"瑞丽市妇女儿童发展中心机构能力提升"项目，地点瑞丽市辖区。

10. 世界宣明会项目14个：与香格里拉市教育局开展教育—心理健康辅导培训项目，地点香格里拉市一中；云南省外资扶贫项目管理中心与世界宣明会基金有限公司开展鲁甸"8·03"地震灾后农业恢复项目；开展武定县综合扶贫发展项目，地点武定县狮山镇、高桥镇、白路镇、环州乡；开展元谋县综合扶贫发展项目，地点元谋县羊街镇、姜驿乡；开展红河县综合扶贫发展项目，地点红河县架车乡、浪堤乡、甲寅乡、洛恩乡；开展绿春县综合扶贫发展项目，地点绿春县平河乡、牛孔乡、戈奎乡；开展元阳县综合扶贫发展项目，地点元阳县俄扎乡、黄草岭乡、攀枝花乡、上新城乡；开展永胜县综合扶贫发展项目，地点永胜县东风乡、东山乡、大安乡、顺州乡、松坪乡、六德乡、羊坪乡、光华乡、仁和镇、片角乡；开展玉龙县综合扶贫发展项目，地点玉龙县九河乡、鸣音乡、鲁甸乡、巨甸镇、太安乡；开展瑞丽市宣明会儿童关怀合作项目，地点瑞丽市姐相乡、弄岛镇、户育乡、勐秀乡；开展陇川县综合扶贫发展项目，地点陇川县王子树乡、护国乡、户撒乡；香格里拉市金江镇小学与世界宣明会合作开展香格里拉市金江镇新建村幼儿园完善，地点香格里拉市金江镇新建村幼儿园；香格里拉市金江镇小学与世界宣明会合作开展香格里拉市金江镇新建村幼儿园完善设施设备项目，地点香格里拉市金江镇小学；香格里拉市金江镇新建村委会与世界宣明会合作开展社区人畜饮水项目，地点香格里拉市金江镇新建村委会迪满村民小组。香格里拉市三坝乡白水台小学与世界宣明会合作开展香格里拉市三坝乡白水台小学食堂橱柜援助项目，地点香格里拉市三坝乡白水台小学；香格里拉市三坝乡白水台小学与世界宣明会合作开展香格里拉市三坝乡白水台小学冬季球类运动会项目；香格里拉市五境乡小学与世界宣明会合作开展香格里拉市五境乡小学师生关系建立游戏日项目。

11. 云南博亚医院与福华国际云南项目办合作开展医疗门诊救助项目：地点云南博亚医院；云南省怒江州残疾人联合会与福华国际（美国）云南项目办公室合作开展残疾人康复救助项目。

12. 国际计划项目：与文山州广南县妇女联合会开展广南县青春期女童教育支持项目，地点文山州广南县；广南县儿童健康发展项目；云南省妇联与国际计划（美国）合作开展儿童保护报告与转介机制建设项目，地点昆明市、文山州，绿劝县、砚山县。

13. 希望之侣机构（美国）昆明办事处项目：与云南省国际民间组织合作促进会合作开展马蹄内翻足教育支持项目，地点昆明；合作开展师宗县高良乡饮水项目。

14. 福特基金会项目：迪庆香格里拉可持续社区学会和迪庆州民族中等专业学校与合作开展自然资源可持续管理能力建设项目。

15. 美国国家地理学会项目：与迪庆香格里拉可持续社区学会和迪庆州民族中等专业学校合作开展"青年环保领袖"项目。

16. 香港惩教社教育基金会项目：与云南华商公益基金会合作开展重建云南省勐海县布朗山乡九年一贯制学校综合楼项目；开展资助楚雄州扯衣乍完小、羊街完小贫困学生项目；开展资助楚雄州扯衣乍完小、羊街完小、腾冲大水塘完小贫困学生项目；开展重建云南省曲靖市马龙县月望中心幼儿园综合楼项目。

17. 澳门圣保禄学校项目：与云南华商公益基金会合作开展资助红河州开远市四所道明小学日常开支及教师工资项目，地点红河州开远市马头坡村、平头山存、红坡头存、长坡脚村。

18. 马来西亚《星洲日报》、星云文化教育公益基金会、马来西亚佛光山（国际佛光会）项目：与云南华商公益基金会合作开展资助昭通鲁甸县300名优秀学生项目。

19. 马来西亚祝福文化中心项目：与云南华商公益基金会合作开展资助弥勒市250名优秀学生项目。

20. 晨星基金会有限公司（香港）项目：与昆明市儿童福利院合作开展合作助养婴儿班项目。

21. 香港苗圃行动项目：与云南省青少年发展基金会开展"苗圃茶马古道助学行2015"、"云南希望工程2015徒步茶马古道"公益助学筹款活动项目，地点大理州、丽江市、迪庆州。

22. 无烟草青少年运动（美国）项目：与云南超铁健康咨询中心合作开展"无烟草青少年运动"合作项目，地点云南省。

23. 挪威博尔咨询公司昆明办事处项目：与云南省基督教两会合作开展云南省基督教社会事工管理项目，地点昆明市。

24. 香港中华基督教青年联合会项目：与昆明市青年志愿者协会合作开展"春城单车传爱心"活动，地点昆明市。

25. 微笑行动项目：与临沧市中医医院开展2015临沧、文山国际微笑行动项目，临沧市中医院、文山市人民医院、蒙自市人民医院、盈江县人民医院；开展"2015红河国际微笑行动"项目。

26. 国际专业服务机构有限公司（香港）云南代表处项目：与怒江州残疾人联合会合作开展怒江残疾人综合关怀项目，地点怒江州兰坪县、贡山县、福贡县、泸水县；红河县人民医院与国际专业服务机构继续开展医疗合作项目。

27. 新加坡国际基金会项目：与昆明医科大学第二附属医院开展提升中国云南老龄化人口医疗服务的合作项目。

28. 国际植物园保护联盟项目：与香格里拉高山植物园开展滇西北、藏东南受威胁杜鹃花物种保护及社区生计改善项目，地点香格里拉县建塘镇香格里拉高山植物园。

29. 澳门利玛窦社会服务项目：与德宏州陇川县外援项目办公室开展社区，地点陇川县清平乡清平村委会下回环村民小组、城子镇磨水村委会弄龙村民小组等；德宏州陇川县外援项目办公室与澳门利玛窦社会服务开展社区学前班、小学生助学金项目、在校大学生助学金项目，地点陇川县城子镇姐午小学、巴达小学、撒定小学、中心小学，景罕镇罕等小学，清平乡中心小学、弄弄小学、陇把镇中心小学，王子树乡曼线小学。

30. 德国乔恒生基金会项目：与普洱市教育学会合作开展树家志愿者支持教育项目，地点普洱市一中、普洱市民族中学、普洱二中、思茅四中、澜沧民中、西盟县一中、与怒江州民族教育促进会怒江州合作开展民族中等专业学校支持教育项目。

31. 弗雷德·霍洛基金会（澳大利亚）项目：与省第二人民医院合作开展糖网病患病率及知信行基线研究项目。

32. 香港应善良福利基金会项目：与云南省海外交流协会合作开展大学生助学活动，地点云南师范大学。云南省海外交流协会与香港应善良福利基金会合作开展"援建玉溪市峨山县甸中镇甸头村卫生室"项目。云南省海外交流协会与香港应善良福利基金会合作开展"援建临沧市双江县沙河乡南布村村引—饮水项目"。

33. 香港健行杏社项目：云南省海外交流协会与合作开展福贡县鹿马登乡阿路底完小宿舍援建项目；福贡县马吉乡旺基独完小学教学楼援建项目；福贡县大兴地镇鲁奎地完小食堂援建项目；泸水县六库镇中心完小 2015 福缘乐助活动。

34. 美国传仁基金会项目：与云南省海外交流协会合作开展保山市腾冲县新华乡新山完小围墙、护栏项目；开展保山市腾冲县芒棒镇大竹自然村水井改造项目；开展怒江州泸水县古登乡马垮底完小学生食堂援建项目；开展怒江州泸水县六库镇瓦姑村卫生室援建项目；云南省海外交流协会与美国传仁基金会合作开展"捐赠楚雄州大姚县石羊镇中心完小 30 台计算机"项目。云南省海外交流协会与美国传仁基金会合作开展"捐建临沧市双江县大文乡大梁子村垃圾场"项目；云南省海外交流协会与美国传仁基金会合作开展

"捐建临沧市双江县大文乡大梁子村活动广场"项目。

35. 香港慈恩基金会有限公司项目：与云南省海外交流协会合作开展大理州云龙县长新乡豆寺完小添丽综合楼援建项目；开展红河州红河县洛恩乡拉博小学李智良教学楼援建项目；合作开展怒江州兰坪县兔峨乡瓦窑场小学教学楼援建项目；开展大理州洱源县三营镇白草中心完小教学楼援建项目；开展大理州洱源县三营镇石岩中心完小教学楼援建项目；云南省海外交流协会与香港慈恩基金会有限公司合作开展"援建文山州富宁县田蓬镇龙哈小学"项目；云南省海外交流协会与香港慈恩基金会有限公司合作开展"援建大理州鹤庆县金墩乡金锁学校教学楼"项目。云南省海外交流协会与香港慈恩基金会有限公司合作开展"援建大理州洱源县芷碧湖镇巡检中心完小景成综合楼"项目。云南省海外交流协会与香港慈恩基金会有限公司合作开展"援建大理州巍山县五印乡新街学校教学楼"项目；云南省海外交流协会与香港慈恩基金会有限公司合作开展"援建怒江州兰坪县石登乡甲池小学教学楼"项目；云南省海外交流协会与香港慈恩基金会有限公司合作开展"援建文山州富宁县板仑乡木腊小学教学楼"项目；云南省海外交流协会与香港慈恩基金会有限公司合作开展"援建文山州富宁县洞波乡坡令小学教学楼"项目；云南省海外交流协会与香港慈恩基金会有限公司合作开展"援建文山州富宁县花甲乡龙桑小学教学楼"项目。

36. 香港信望爱慈善基金有限公司项目：与云南省海外交流协会合作开展红河州红河县阿扎河乡过者小学教学楼援建项目；云南省海外交流协会与香港信望爱慈善基金有限公司合作开展文山州富宁县那能乡六温小学陈丽荷教学楼援建项目；云南省海外交流协会与香港信望爱慈善基金有限公司合作开展文山州富宁县新华镇各甫小学育苗教学楼援建项目；云南省海外交流协会与香港信望爱慈善基金有限公司合作开展怒江州兰坪县兔峨乡拉马署完小麦驹教学楼援建项目；云南省海外交流协会与香港信望爱慈善基金有限公司合

作开展怒江州兰坪县石登乡谷川完小育苗教学楼援建项目。云南省海外交流协会与香港信望爱慈善基金有限公司合作开展大理州云龙县诺邓镇永安完小教学综合楼援建项目；云南省海外交流协会与香港信望爱慈善基金有限公司合作开展"援建大理州鹤庆县松桂镇大石小学教学综合楼"项目；云南省海外交流协会与香港信望爱慈善基金有限公司合作开展"援建大理州巍山县大仓镇新胜小学熊家营分校综合楼"项目；云南省海外交流协会与香港信望爱慈善基金有限公司合作开展"援建大理州巍山县青华乡民胜小学综合楼"项目；云南省海外交流协会与香港信望爱慈善基金有限公司合作开展"援建大理州永平县龙街镇安吉村完小教学楼"项目；云南省海外交流协会与香港信望爱慈善基金有限公司有限公司合作开展"援建大理州永平县杉阳镇兴隆村完小教学楼"项目；云南省海外交流协会与香港信望爱慈善基金有限公司合作开展"援建大理州云龙县宝丰乡莊坪完小综合楼"项目；云南省海外交流协会与香港信望爱慈善基金有限公司合作开展"援建文山州富宁县里达镇小里达小学教学楼"项目。

37. 香港基督教协进会项目：与云南省海外交流协会合作开展"援建大理州巍山县青华乡五星小学综合楼"项目。

38. 日本云南联谊会项目：与云南省海外交流协会合作开展德宏州盈江县苏典乡勐撒小学宿舍楼援建项目。

39. 培志教育协会（台湾）云南办事处项目：与云南省海峡两岸交流促进会合作开展助学项目合作，地点红河州元阳县、绿春县、红河县，丽江市玉龙县、宁蒗县、永胜县，怒江州泸水县、福贡县、贡山县，曲靖市会泽县。

40. 加拿大EMAS（基督教慈善医疗援助协会）项目：与云南省残疾人联合会合作开展免费整形医疗救助活动，地点省残疾人康复中心。

41. 国际行动援助项目：与云南省外资扶贫项目管理中心合作

开展文山州丘北县农村社区发展项目,地点丘北县天星乡倮黑村委会新发寨村民小组。

42. 香港儿童医健基金会项目:与普洱市人民医院合作开展普洱市新生儿救治综合项目,地点普洱市人民医院。

43. 荷兰农民生产者协会项目:与云南省林业产业协会合作开展支持促进云南省林业产业协会中农民专业合作社间的合作项目,地点省外资扶贫管理中心。

44. 香港基督教协进会项目:与云南省海外交流协会合作开展"援建文山州富宁县花甲乡达木小学教学楼"项目;开展"援建文山州富宁县里达镇龙坪小学教学楼"项目;开展"援建文山州富宁县里达镇中坝小学教学楼"项目。

附录二

问卷调查表1:非政府组织问卷调查表(共30题)

(填写说明:(1)问卷是面向非政府组织的,包括境外非政府组织云南办事处、国内知名非政府组织、云南省内登记注册的非政府组织及各类草根非政府组织。(2)用"你组织"指代受访的非政府组织。(3)在选项上打"√",不能打"√"的作简要说明。(4)Q代表问题,A代表回答。)

Q1:你组织成立的时间?

A:

Q2:你组织登记注册的时间?

A:

Q3:你组织办公地址?

A:

Q4:你组织的法定代表人(或者发起人)是谁?

A:

Q5：你组织有没有正式章程？

A：有（　）、无（　）、有口头的（　）

Q6：你组织是否定期或不定期召开会员大会？

A：没有召开过（　）、偶尔召开过（　）、定期召开（　）、不定期召开（　）

Q7：你组织有多少固定人员？

A：10人以下（　）、10人—20人之间（　）、20人—30人之间（　）、30人以上（　）

Q8：你组织有多少志愿者？

A：10人以下（　）、10人—30人（　）、30人—50人（　）、50人—100人（　）、100人以上（　）

Q9：你组织的志愿者的平均年龄是多少？

A：20—30岁（　）、30—35岁（　）、35岁—40岁（　）、40—50岁（　）、50岁以上（　）

Q10：你组织内部30岁以下的人员多少？30—50岁之间人员多少？50岁以上多少？

A：30岁以下（　）、30—35岁（　）、50岁以上（　）

Q11：你组织女性人员有多少？

A：10人以下（　）、10—25人（　）、25人以上（　）

Q12：女性占比多少？

A：30%以下（　）、30%—40%（　）、40%以上（　）

Q13：你组织大专以下人员有多少？本科以上人员多少？

A：大专以下（　）、本科以上（　）

Q14：你组织人员来自云南省内的有多少？来自外省或境外的有多少？

A：来自云南省内的人数（　）、来自云南省外的人数（　）

Q15：你组织的服务范围是（多选）：

A：公益类（　）、慈善类（　）、社区服务（　）、禁毒防艾

（　）、扶贫救助（　）、能力提升（　）、维权类（　）、教育类（　）、其他（　）

Q16：你组织的性质是（多选）：

A：行业协会（　）、商会（　）、学术团体（　）、妇青工及其设立的发展基金会（　）、科技类（　）、专业合作组织（　）、耦合类兴趣团体（　）、网络共同体（　）、老年协会（　）、红白理事会（　）、宗教团体（　）、草根组织（　）、其他组织（　）

Q17：你组织的活动形式是：

A：资金资助（　）、物质资助（　）、销售产品（　）、学术交流（　）、科技服务（　）、培训（　）、慈善救助（　）、健康体育（　）、农村农业（　）、民生（　）、环保（　）、其他方式（　）

Q18：你组织的合作情况：

A：与境外非政府组织常年合作（　）、与境外和国内知名非政府组织项目合作（　）、与政府包括基层政府合作（　）、自己凑集资金独立开展业务（　）、其他合作方式（　）

Q19：你组织是开放型的还是封闭型的？

A：主要是面向社区开展服务（　）、主要是组织内成员间的帮扶或兴趣共享（　）

Q20：你组织资金来源：

A：政府补贴（　）、私人和企业捐赠（　）、募集资金（　）、会费和服务收费（　）、接受境外非政府组织项目资助（　）、购买政府社会服务获得（　）、无资金来源（　）

Q21：你组织资金使用情况：

A：年支出在5000元以下（　）、年支出在5000元—100000元（　）、年支出在100000元—500000元（　）、年支出在500000元以上（　）、基本上无支出（　）

Q22：你组织年度财务报告状况

A：有规范的财务报告（ ）、无财务报告（ ）、其他（ ）

Q23：你组织认为目前涉及到的非政府组织法律法规是否健全？

A：健全（ ）、一般（ ）、不健全（ ）、不知道法律法规情况（ ）、其他（ ）

Q24：你组织认为针对非政府组织的法律法规政策需要怎样改进？

A：要求直接登记（ ）、降低登记门槛，加强过程管理（ ）、强化事实规定（ ）、增加税收优惠条款并具有操作性（ ）、不关注（ ）

Q25：你组织是直接与受服务对象对接吗？

A：通过与其他非政府组织合作（ ）、通过与基层政府或城乡社区委员会合作（ ）、直接面对受服务方（ ）、其他途径（ ）

Q26：你组织是以日常方式经常性开展业务吗？

A：是（ ）、以项目为开展方式（ ）、其他（ ）

Q27：你组织在开展服务过程中认为接受服务方最渴望的是什么？

A：物质利益实现（ ）、教育健康（ ）、生存环境（ ）、其他（ ）

Q28：你组织对群众认为自己利益受损采取具体诉求行动的看法是什么？

A：可以理解（ ）、不关心（ ）、可以代表群众表达（ ）、提出处理建议（ ）、通过代表利益方与相对方进行协商（ ）、其他（ ）

Q29：接受服务的对象是否信任你组织？

A：信任（ ）、较信任（ ）、一般信任（ ）、不信任（ ）、其他（ ）

Q30：政府信任你组织吗？

A：信任（ ）、较信任（ ）、一般信任（ ）、不信任（ ）、其他（ ）

问卷调查表 2：对居民的问卷调查表（共 30 题）

（填写说明：（1）问卷是面向云南少数民族世居居民的问卷调查。（2）用"你"指代受访的个人。（3）在选项上打"√"，不能打"√"的作简要说明。（4）Q 代表问题，A 代表回答。（5）告知对方进行全程摄像或录音。）

Q1：你的姓名？哪里人？（可不填）

A：

Q2：你的性别？是否已婚？

A：男（ ）、女（ ）；已婚（ ）、未婚（ ）

Q3：你的民族？

A：汉族（ ）、回（ ）、彝族（ ）、白族（ ）、傣族（ ）、壮族（ ）、其他少数民族（ ）

Q4：你的年龄？

A：

Q5：你的职业？

A：农民（ ）、个体从业者（ ）、其他（ ）

Q6：你的教育水平？

A：小学毕业以下（ ）、初中毕业（ ）、高中毕业（ ）、中专毕业（ ）、大专以上（ ）、其他（ ）

Q7：你是否信教？

A：信仰基督教（ ）、信仰佛教（ ）、信仰原始宗教（ ）、不信（ ）、信仰其他教（ ）

Q8：你的家庭经济主要来源状况？

A：农业生产劳动（ ）、打工（ ）、个体经营（ ）、工资

收入（　）、养殖（　）、其他（　）

Q9：你的年家庭经济收入状况

A：2880元以下（　）、2880元—10000元（　）、10000元—50000元（　）、50000元—150000元（　）、150000元以上（　）

Q10：你对外地人到你的地方承包土地或林地经营如何看？

A：欢迎（　）、不欢迎（　）、抢走了我们的经营收入（　）、无所谓（　）

Q11：你参加社区里的协会或其他组织吗？

A：经常参加（　）、不参加（　）、偶尔参加（　）

Q12：你知道在你那个地方有哪些NGO？

A：知道并了解（　）、知道一些但不是太熟悉（　）、知道一些但不熟悉（　）、不知道（　）、听说过（　）

Q13：你接受过NGO的帮助吗？

A：接受过（　）、没接受过（　）

Q14：你接受那些帮扶？

A：物质帮扶（　）、接受培训（　）、健康教育（　）、能源替代（　）、绿色信贷（　）、其他（　）

Q15：你认为自然保护区政策是不是与你的经济利益收入有冲突？

A：有冲突，限制了我的利益获得（　）、没冲突（　）、不知道（　）

Q16：你认为当利益受到损害时该怎样做？

A：找村里解决（　）、找政府解决（　）、找司法所解决（　）、上访（　）、打官司（　）、找媒体、网络曝光（　）、通过NGO解决（　）

Q17：你对群体性事件啥看法？

A：参与（　）、不参与（　）、到场助威（　）、趁机表达自己的怨气（　）、希望事情闹大（　）、希望息事宁人（　）

Q18：你认为政府在解决因大路、大电、征迁及环境保护引起的纠纷是否合理有效？

A：不信乡镇政府（ ）、信任县级政府（ ）、最好是州以上政府出面解决（ ）、上访到更高级别的政府（ ）

Q19：在发生利益受损进行维权时，你愿意找NGO吗？

A：愿意（ ）、不愿意（ ）、NGO啥事也解决不了（ ）、实在没办法可以找NGO试一试（ ）

Q20：你信任NGO吗？

A：很信任（ ）、较信任（ ）、一般信任（ ）、不信任（ ）、无所谓（ ）

Q21：当你利益受损时，你希望教会出面解决吗？

A：愿意（ ）、不愿意（ ）、可以试一试（ ）

Q22：你认为现在的收入差距大吗？能不能接受？

A：差距过大（ ）、差距不大（ ）、可以接受（ ）、不能接受（ ）

Q23：你认为有民族矛盾吗？你对民族矛盾怎么看？

A：有（ ）、不严重（ ）；希望团结（ ）、不能乱（ ）、不关心（ ）、其他（ ）

Q24：你认为现在和以前相比挣钱容易吗？

A：不容易（ ）、机会比以前少（ ）、容易（ ）、不知道（ ）

Q25：你对现在的生活满意吗？

A：不满意（ ）、满意（ ）、不知道（ ）

Q26：你认为你自己所有的资源比如土地、林地等在建设征迁中该如何补偿？

A：给予全额补偿（ ）、合理补偿（ ）、补偿太少（ ）

Q27：你认为NGO的作用大吗？

A：大（ ）、不大（ ）、一般（ ）、不知道（ ）

Q28：你认为政府应当在发展教育方面有什么更好的作为？

A：实现更公平的教育（　）、促进优质教育资源向民族地区流动（　）、采取措施留着好教师（　）

Q29：你鼓励支持民族地区的青年外出务工吗？

A：鼓励（　）、鼓励大规模的外出（　）、不鼓励，应当留在当地促进家乡建设（　）

Q30：当你在网络上看到群体性事件时是不是进行围观？

A：非常气愤，跟踪发表意见（　）、由这些事件想到自己的处境，发表意见（　）、不关注（　）、在微信圈里传播（　）

主要参考文献

一 著作

（一）国内著作

[1] 王颖、折晓叶、孙炳耀：《社会中间层：改革和中国的社团组织》，中国发展出版社1993年版。

[3] 陈庆云：《公共政策分析》，中国经济出版社1996年版。

[5] 赵黎青：《非政府组织与可持续发展》，经济科学出版社1998年版。

[6] 毛寿龙、李梅、陈幽泓：《西方政府的治道变革》，中国人民大学出版社1998年版。

[7] 韩继志：《政府机构改革》，中国人民大学出版社1999年版。

[8] 康晓光：《权利的转移——转型时期中国权利格局的变迁》，浙江人民出版社1999年版。

[9] 王绍光：《多元与统一：第三部门国际比较》，浙江人民出版社1999年版。

[10] 邓正来：《国家与市民社会——一种社会理论的研究路径》，中央编译出版社1999年版。

[11] 何增科：《公民社会与第三部门》，社会科学文献出版社2000年版。

[12] 刘豪兴、许珂：《探寻第三域的主导力量》，江苏社会科学出

版社 2000 年版。

[13] 俞可平：《治理与善治》，社会科学文献出版社 2000 年版。

[14] 赵成根：《民主与公共决策研究》，黑龙江人民出版社 2000 年版。

[15] 王名：《中国社团改革——从政府选择到社会选择》，社会科学文献出版社 2001 年版。

[16] 吴锦良：《政府改革与非政府组织发展》，中国社会科学出版社 2001 年版。

[17] 张玉堂：《利益论：关于利益冲突与协调问题的研究》，武汉大学出版社 2001 年版。

[18] 孙晓莉：《中国现代化进程中的国家与社会》，中国社会科学出版社 2001 年版。

[19] 沈明明：《改革发展与社会变迁》，华夏出版社 2002 年版。

[20] 马长山：《国家、市民社会与法治》，商务印书馆 2002 年版。

[21] 古俊贤：《中国社团发展史》，当代中国出版社 2002 年版。

[22] 刘银喜：《非政府组织：资源配置领域的制度创新》，内蒙古社会科学（汉文版）2002 年版。

[23] 邓国胜：《非盈利组织评估》，社会科学文献出版社 2002 年版。

[24] 蔡勤禹：《国家、社会与弱势群体：民国时期的社会救济（1927—1949）》，天津人民出版社 2003 年版。

[25] 毕监武：《社团革命：中国社团发展的经济学分析》，山东人民出版社 2003 年版。

[26] 王思斌：《社团的管理与能力建设》，中国社会出版社 2003 年版。

[27] 林修果：《非政府组织管理》，中共中央党校出版社 2005 年版。

[28] 庞金友：《现代西方国家与社会关系理论》，中国政法大学出

版社 2006 年版。
[29] 郭道晖：《社会权利与公民社会》，凤凰出版集团 2009 年版。
[30] 李俊清：《变革与繁荣民族地区公共管理的问题与挑战》，人民出版社 2009 年版。
[31] 吴群刚、孙志祥：《中国式社区治理治》，中国社会出版社 2011 年版。
[32] 叶麒麟：《社会分裂、弱政党政治与民主巩固：以乌克兰和泰国为例》，中央编译出版社 2014 年版。
[33] 范铁中：《社会转型期群体性事件预防与处置机制研究》，上海大学出版社 2014 年版。
[34] 刘志欣、孙莉莉、杨洪刚编著：《非政府组织管理：结构、功能与制度》，清华大学出版社 2013 年版。
[35] 肖唐镖：《中国社会稳定研究论丛（第 3 卷）：维权表达与政府回应》，学林出版社 2012 年版。
[36] 阚和庆：《当代中国社会阶层变迁与社会稳定》，中国社会科学出版社 2012 年版。
[37] 李培林、陈光金：《当代中国和谐稳定》，社会科学文献出版社 2013 年版。
[38] 肖唐镖主编：《信访研究》，学林出版社 2014 年版。
[39] 刘莉等：《农民抗争经典著作评述》，社会科学文献出版社 2016 年版。
[40] 钟伟军：《稳定的逻辑：一个县级政府的社会管理样本》，浙江大学出版社 2014 年版。
[41] 喻晓玲：《社会稳定视角下的新疆南疆地区经济发展研究》，中国农业科学技术出版社 2016 年版。
[42] 陈光金主编：《社会蓝皮书》，中国社会科学出版社 2016 年版。
[43] 吴鹏森：《快速增长与变革中的社会稳定》，上海人民出社

2014年版。

[44] 牟利成：《"中国问题"、现代性与法律的文化社会学解读》，山东人民出版社2016年版。

[45] 王伦刚：《中国农民专业合作社运行的民间规则研究：基于四川省的法律社会学调查》，法律出版社2015年版。

[46] 庞正：《法治的社会之维：社会组织的法治功能研究》，法律出版社2015年版。

[47] 张丽琴：《乡村社会纠纷处理过程的叙事与反思》，中国社会科学出版社2013年版。

[48] 张志远：《多民族聚居地区贫困治理的社会政策视角：以布朗山布朗族为例》，中国社会科学出版社2015年版。

[49] 张帆：《多民族地区社会治理法治化建设研究》，法律出版社2016年版。

[50] 龙宁丽：《治理、问责与非政府组织发展》，中国社会出版社2015年版。

[51] 陈旭清、侯远高：《中国民族地区社会组织参与公共服务研究》，中央民族大学出版社2013年版。

[52] 徐丹：《社会组织参与美国社区治理的经验及启示》，中国经济出版社2016年版。

[53] 张健、鲁建彪：《地方少数民族村社治理研究：以云南省武定县插甸镇老木坝傈僳族村为个案》，中国社会科学出版社2015年版。

[54] 徐勇、孙厚权主编：《地方治理新视野》，人民日报出版社2017年版。

（二）国外著作

[1] [美] 詹姆斯·E. 安德森：《公共决策》，唐亮译，华夏出版社1990年版。

[2]《马克思恩格斯选集》（四卷本），人民出版社2012年版。

[3] ［英］哈耶克：《个人主义与经济秩序》，邓正来译，生活·读书·新知三联书店1996年版。

[4] ［法］托克维尔：《论美国的民主》，董果良译，商务印书馆1997年版。

[5] ［美］约翰·罗尔斯：《正义论》，何怀宏等译，中国社会科学出版社1997年版。

[6] ［加］Michael Allison，Jude Kaye：《非营利组织的策略规划：实务指南与工作手册》，蔡美慧译，台北：喜马拉雅研究发展基金会1997年版。

[7] ［美］戴维·奥斯本、特德·盖布勒：《改革政府：企业精神如何改革着公营部门》，上海译文出版社1998年版。

[8] ［德］罗曼·赫尔佐克：《古代的国家——起源和统治形式》，赵容恒译，北京大学出版社1998年版。

[9] ［美］那格尔：《政策研究百科全书》，林明等译，科学技术文献出版社1988年版。

[10] ［美］帕森斯：《现代社会的结构与过程》，梁向阳译，光明日报出版社1998年版。

[11] ［美］阿瑟·奥肯：《平等与效率》，王奔洲等译，华夏出版社1999年版。

[12] ［法］邦雅曼·贡斯当：《古代人的自由与现代人的自由——贡斯当政治论文选》，阎克文、刘满贵译，商务印书馆1999年版。

[13] ［美］达尔：《民主理论的前言》，顾昕、朱丹译，生活·读书·新知三联书店1999年版。

[14] ［英］诺尔曼·P. 巴利：《古典自由主义与自由至上主义》，竺乾威译，上海人民出版社1999年版。

[15] ［美］彼得·杜拉克：《非营利机构的经营之道》，余佩珊译，台北：远流出版事业股份有限公司1999年版。

[16]［德］哈贝马斯：《公共领域的结构转型》，曹卫东等译，学林出版社1999年版。

[17]［美］文森特·奥斯特罗姆：《美国公共行政的思想危机》，毛寿龙译，上海三联书店1999年版。

[18]［美］奥斯特罗姆·帕克斯：《公共服务的制度建构》，上海三联书店2000年版。

[19]［美］埃莉诺·奥斯特罗姆：《公共事务的治理之道》，上海三联书店2000年版。

[20]［美］莱斯特·M.萨拉蒙：《全球公民社会——非盈利部门视界》，贾西津、魏玉等译，社会科学文献出版社2000年版。

[21]［德］哈贝马斯：《合法化危机》，刘北成、曹卫东译，上海人民出版社2009年版。

[22]［美］约翰·罗尔斯：《政治自由主义》，万俊人译，译林出版社2000年版。

[23]［英］托马斯·雅诺斯基：《公民与文明社会：自由主义政体、传统政体和社会民主政体下的权利与义务框架》，柯雄译，辽宁教育出版社2000年版。

[24]［澳］欧文·E.休斯：《公共管理导论》（第二版），中国人民大学出版社2001年版。

[25]［美］史蒂文.科恩、威廉·埃米克：《新有效公共管理者：在变革的政府中追求成功》（第二版），中国人民大学出版社2001年版。

[26]［德］哈贝马斯：《公共领域的结构转型》，曹卫东等译，学林出版社2001年版。

[27]［德］哈贝马斯：《包容他者》，曹卫东译，上海人民出版社2002年版。

[28]［奥］阿德勒：《美国慈善法指南》，NPO信息咨询中心主译，中国社会科学出版社2002年版。

[29] [英] 安东尼·吉登斯：《第三条道路及其评价》，孙相东译，中共中央党校出版社2002年版。

[30] [美] 朱莉·费希尔：《NGO与第三世界的政治发展》，邓国胜、赵秀梅译，社会科学文献出版社2002年版。

[31] [美] 杜赞奇：《从民族国家拯救历史：民族主义话语与中国现代化研究》，王宪明译，社会科学文献出版社2003年版。

[32] [美] 菲利普·科特勒、艾伦·R. 安德里亚森：《非营利组织战略营销》（第五版），孟延春等译，中国人民大学出版社2003年版。

[33] [德] 哈贝马斯：《在事实与规范之间：关于法律和民主治国的商谈理论》，童世骏译，生活·读书·新知三联书店2003年版。

[34] [德] 卡尔·施密特：《政治的概念》，刘宗坤译，上海人民出版社2003年版。

[35] [美] 罗纳德·德沃金：《至上的美德：平等的理论与实践》，冯克利译，江苏人民出版社2003年版。

[36] [加] 伊恩·斯迈利、[英] 约翰·黑利：《NGO领导、策略与管理：理论与操作》，陈玉华译，社会科学文献出版社2005年版。

[37] [德] 托马斯·海贝勒、舒耕德：《从群众到公民译》，张文红译，中央编译出版社2009年版。

[38] [德] 托马斯·海贝勒、舒耕德、杨雪冬：《"主动的"地方政治》，刘承礼等译，中央编译出版社2013年版。

[39] [加] 卜正民、傅尧乐：《国家与社会》，张晓涵译，中央编译出版社2014年版。

[40] [美] 加布里埃尔·A. 阿尔蒙德：《政治发展、危机、选择和变化》，李国强译，东方出版社2014年版。

[41] [美] 加布里埃尔·A. 阿尔蒙德：《发展中地区的政治》，李

国强译，东方出版社2014年版。

二　文献论文

（一）国内论文

［1］林燕凌：《我国非政府组织研究》，复旦大学学位论文，2005年。

［2］闫东：《中国共产党与民间组织关系研究》，中共中央党校学位论文，2007年。

［3］沈瑞英：《西方中产阶级与社会稳定研究》，上海大学学位论文，2008年。

［4］张莉：《社区参与：社会稳定的基础》，吉林大学学位论文，2011年。

［5］樊聪：《中国社会稳定问题的现状与对策研究》，辽宁大学学位论文，2012年。

［6］张晖：《当代中国非政府组织与人权保护》，中共中央党校学位论文，2009年。

［7］尹晓峰：《当代中国非政府组织的发展状况及引导》，山西大学学位论文，2010年。

［8］闫秀芳：《政府与非政府组织的关系研究》，山西大学学位论文，2010年。

［9］王伟：《治理理念视角下非政府组织与政府关系研究》，上海交通大学学位论文，2010年。

［10］王青：《我国互联网虚拟社会组织的治理研究》，汕头大学学位论文，2014年。

［11］杨蓉：《我国民族地区非政府组织现状及发展研究》，中央民族大学学位论文，2007年。

［12］郑澎：《社会多元治理格局中非政府组织与政府互动性研究》，西南交通大学学位论文，2006年。

[13] 罗湘：《政府与非营利组织良性互动研究》，湘潭大学学位论文，2006 年。

[14] 马闯：《基层政府治理行为研究》，苏州大学学位论文，2014 年。

[15] 惠泽宇：《民族地区资源开发过程中利益保障研究》，中央民族大学学位论文，2013 年。

[16] 高玲玲：《我国地方治理的绩效评价与模式创新研究》，云南大学学位论文，2011 年。

[17] 陆晶：《我国非政府组织管理法治化问题研究》，吉林大学学位论文，2011 年。

[18] 贺琳凯：《新中国民族关系与民族政策的互动研究》，云南大学学位论文，2010 年。

[19] 毕跃光：《民族认同、族际认同与国家认同的共生关系研究》，中央民族大学学位论文，2011 年。

[20] 杜倩萍：《当代中国草根非政府组织的社会功能》，中央民族大学学位论文，2011 年。

[21] 许艳娟：《我国非政府组织参与社区建设的困境及其对策研究》，河南大学学位论文，2011 年。

[22] 孔令梅：《我国非政府组织的绩效评估研究》，中国石油大学学位论文，2010 年。

[23] 潘国情：《我国非政府组织参与公共危机治理的法治困境及其对策》，中国石油大学学位论文，2011 年。

[25] 马剑锋：《云南水电资源开发中民族利益的调适研究》，云南财经大学硕士论文，2013 年。

[26] 胡骏军：《法治背景下我国非政府组织的发展》，华东政法大学学位论文，2010 年。

[27] 吴常柏：《地方民族地区城市社区治理运行机制研究》，华东师范大学学位论文，2016。

[28] 关凯:《发展与稳定:地方中国的话语政治》,中央民族大学学位论文,2016年。

[29] 黄敏:《我国灾害救助中政府与非政府组织协作机制研究》,北京交通大学学位论文,2011年。

[30] 关凯:《被污名化的"地方":恐怖主义与人的精神世界》,《文化纵横》2014年第3期。

[31] 杨建英:《近十年我国关于非政府组织问题的研究综述》,《国际关系学院学报》2008年第1期。

[32] 温子勤:《论非政府组织的社会功能》,《暨南学报》(哲学社会科学版)2007年第3期。

[33] 叶青斌:《浅析非政府组织在构建和谐社会中的重要意义》,《世纪桥》2008年第1期。

[34] 史传林:《非政府组织参与农村社会救助的优势与模式》,《学习论坛》2008年12期。

[35] 张健:《美国地方治理的政策体系及其借鉴意义》,《云南行政学院学报》2011年第5期。

[36] 马洪伟:《新国家安全视野下地方民族地区基层政权建设探析》,《宁夏党校学报》2011年第1期。

[37] 寇鸿顺:《论地方民族地区基层政权建设的目标创新——以非传统安全为研究视角》,《理论月刊》2011年第1期。

[38] 张金平:《云南跨界民族的宗教安全问题探析》,《云南民族大学学报》(哲学社会科学版)2010年第4期。

[39] 崔发展、陈海兵:《政府职能转变视角下我国非政府组织的现状与改革路径》,《哈尔滨师范大学社会科学学报》2016年第5期。

[40] 霍宏霞、霍晓霞:《从刚性治理到法治治理——论当代中国治理方式变革》,《人民论坛》2014年第7期。

[41] 郇庆治:《"政治机会结构"视角下的中国环境运动及其战略

选择》,《南京工业大学学报》(社科版)2012年第4期。

[42] 戚晓雪:《政治机会结构与民众抗争行为的策略选择——基于兰州市宋集村集体土地纠纷案例研究》,《南京农业大学学报》2016年第5期。

[43] 祝天智:《政治机会结构中农民维权行为及其优化》,《理论与改革》2011年第6期。

[44] 肖瑛:《从"国家与社会"到"制度与生活":中国社会变迁研究的视角转换》,《中国社会科学》2014年第9期。

[45] 谢江平:《走向公共领域与废除私人领域——恩格斯妇女解放思想与自由主义女权理论比较研究》,《哲学研究》2015年第12期。

[46] 王利明:《以法治思维和方式治理》,《当代贵州》2015年第6期。

[47] 于建嵘:《从刚性治理到韧性治理——中国社会秩序的一个分析框架》,《学习与探索》2009年第5期。

[48] 唐皇凤:《"中国式"治理困境与超越》,《武汉大学学报》(哲学社会科学版)2012年第9期。

[49] 王诗宗、宋程成:《独立抑或自主:中国社会组织特征问题重思》,《中国社会科学》2013年第5期。

[50] 朱海忠:《西方政治机会结构理论述评》,《国外社会科学》2013年第6期。

[51] 朱海忠:《政治机会结构与农民环境抗争》,《中国农业大学学报》(社会科学版)2015年第3期。

[52] 吴阳熙:《我国环境抗争发生的逻辑——以政治机会结构为视角》,《湖北社会科学》2015年第3期。

[53] 申建林、姚晓强:《对治理理论的三种误读》,《湖北社会科学》2015年第2期。

[54] 赵书松、文慧洁:《利益表达渠道与民众弱势心理产生的影

响机制实证研究》,《中南大学学报》(社会科学版)2015年第3期。

[55] 许可可:《作为"安全阀机制"的NGO在社会控制中的应用探索——以少数民族地区集合行为预防为例》,《法制与社会》2015年第7期。

[56] 项赠:《治理的理念与方式反思——以党的群众观为视角》,《求实》2014年第1期。

[57] 张书维:《政府信任度的影响因素及提升路径研究》,《人民论坛》2016年第9期。

[58] 何娟等:《地方民族地区社会管理创新问题探索——以怒江傈僳族自治州为例》,《中共云南省委党校学报》2014年第1期。

[59] 罗明春:《云南少数民族居民心理和谐与生活质量关系研究》,《中国健康报》2014年第2期。

[60] 杨顺清、朱碧波:《论地方多民族地区行政文化建设的问题及内在原因》,《岭南学刊》2015年第5期。

[61] 樊莹:《西北少数民族NGO的发展及社会参与——一项关于青海回族撒拉族救助会的初步研究》,《青海民族大学学报》(社会科学版)2015年第4期。

[62] 王丽娟等:《当前在华境外非政府组织风险管理研究》,《现代经济信息》2016年第1期。

[63] 杨鹍飞:《民族精英、社会资本与动员能力:民族群体性事件组织化逻辑》,《广西民族研究》2016年第4期。

[64] 陈果:《地方民族地区网络舆情危机治理路径研究》,《政治学研究》2016年第4期。

[65] 徐东升:《环境治理中的新生力量——〈环境非政府组织在环境治理中的作用研究〉评述》,《临沂大学学报》2016年第2期。

[66] 范晓光、陈云松：《中国城乡居民的阶层地位认同偏差》，《社会学研究》2015 年第 4 期。

[67] 陆海岩：《城镇社区治理工作的难点与法治解决路径——基于新疆地区的调查》，《中国行政改革》2013 年第 1 期。

[68] 王松柏：《维权与治理的现状、关系及有效实现》，《探求》2016 年第 1 期。

[69] 李俊清：《少数民族人口流动现状与问题》，《中国科学报》2014 年 4 月 1 日。

[70] 内部资料：《云南省民宗委：云南"十三五"促进民族地区发展思路和对策研究》，2015 年 1 月。

[71] 内部资料：《云南省能源局：云南省"十三五"能源发展策略研究综合报告，2015 年 1 月。

[72] 杨鸿伟：《十年巨变：云南城乡人口近十年流动概览》，2016—06—14，新浪网。

[73] 翟献武：《法治视野下的治理问题研究》，中国法院网，2014—02。

[74] 黄杰、朱正威、吴佳：《重大决策社会稳定风险评估法制化建设研究论纲——基于政策文件和地方实践的探讨》，《中国行政管理》2016 年第 7 期。

（二）国外论文

[1] Deng, Z. L., The State and Society: Studies on China's Civil Society, Shanghai: Shanghai People's Press, 2006.

[2] Yu, society China: concept, classification and in Stitution environment, China Social Science, 2006 (1): 109. 122.

[3] Xu, T, Corporatism: A choice of state-social organization relationship model, Journal of CPC Zhefiang Committee Party School, 2006 (4): 91. 94.

[4] Kang, X. G and Feng, L., NGO Governance in China: Achieve-

ments and Dilemmas In Jordan, L. And Tuijl, Ped. NGO Accountability: Pofitics Principles and Innovations. London: EARTHSCAN., 2006, 129. 145.

[5] Lewis, D., *The Management of Non-Governmental Development Organizations*, Oxon: Routledge, 2007.

[6] Wu, L. Y, An overview of researches on state-society relationships in China since the reform and opening up, Journal of Hubei Administration Institute, 2009, 45 (3): 88. 91.

[7] Shangetal, A Collection of Cases of Nonprofit Organizations Management in China, Beijing: Infonnation Centre for Nonprofit Organizations, 2009.

[8] Hudson, J. And Lowe, S., *Understanding The Policy Process: Analyzing Welfare policy*. Bristol: The Policy Press, 2009.

[9] Lewis, D. And Kanji, N., *Non. Governmental Organizations and Development*, Oxon: Routledge, 2009.

[10] Zimmer, A. ed. The Third Sector in Germany, [Online], Munster: Arbeits stelle Aktive Btirgerschaft, Institut fur Politik wissens chaf, Available at: 〈http://www. aktive-buergers chatt. Depfiles Diskussions papiere 2002wp. sband03. pdf〉. [accessed 24th August 2011]

[11] Chen, J., "The NGO Community in China", China Perspective [Online], 2012, Available at: 〈http://chinaper spectives. revues. Org/3083〉, [accessed 17th April 2012].

[12] Bowett, D. W. *The Law of International Organizations*, *Fourth edition*, *Stevens and Sons*, Ltd., London, 1982.

[13] Brownlie, Ian. *Principles of Public International Law*. Clarendon Press, Oxford, 1979.

[14] Jessic T. Mathews, "Power Shift", *Foreign Affairs*, Volume76,

No. 1 January/February 1997. 58.

[15] K. Suter, *An International Law of Guerrilla Warfare: The Global Politics of Law-making*, London: Francese Pinter, 1984.

[16] Koren A. Mingst, Margaret P. Kams, *The United Nations in the Post-Cold War Era*, Bolder: Lynne Rienner Publishers.

[17] Lester M. Salamon et al., *Global Civil Society: Dimensions of Non-profit Sector*, Baltimaor EH. Net 2000.

[18] Martin Ennals, "Amnesty International and Human Rights", in Pwilletts, *Pressure Groups in the Global System*, London: Pinter, 1982.

[19] Shlaim, Avi. (ed.). *International Organizations in World Politics*, Yearbook, 1975.

[20] Steiner and Alston (eds). *International Human Rights in Context: Law, Politics, Morals*, Oxford: Oxford University Press, 2000.

[21] Theodore A Couloumbis and James H. Wolf, *Introduction to International Relations: Power and Justice*, New Jersey, 1990.

[22] Dinah Shelton, *Remedies in International Human Rights Law*, Oxford Universiy Press, 1999.

后　　记

这本书是在作者主持的国家社科基金西部项目的研究成果基础上修改完成的，前后经历几年时间，数易其稿，终于成书。因本人阅读的狭窄和知识的局限，对处于时代巨变中的社会治理之本质和社会组织发展规律的把握缺乏应有的敏感和准确性，其中的艰辛和困难多于常人，熬夜成为常态。望思由农村到西南边陲的生活轨迹，颇为感慨。20年来，一头在城市、一头在农村的时空格局依然延续，隔一段时间由城市回到农村的生活方式，养成了对社会问题的观察、思考和比较，多年积累一种特别关注社会发展中秩序塑造问题的认知。由于，多年来对历史唯物主义理论的研习，形成了条件反射式的运用历史唯物主义方法观察社会治理的习惯。众所周知，社会治理能力和治理体系现代化是国家治理体系的重要组成部分，没有社会的和谐稳定其他一切都免谈。而处于社会转型期的复杂情况下，显现的问题和隐性的问题较多，对这些问题当然不能回避，关键在于是以什么样的方式看待与解决。马克思曾经说过，问题是时代的格言。因此，关注社会稳定问题是本书的一个基本线索。而如何构建稳定、跃升发展、动态有序的社会发展环境是本书研究的目的。在寻求理论支撑时，我注意到了马克思著作中对市民社会的论述，特别是马克思在1859年《〈政治经济学批判〉序言》一文中关于经济基础与上层建筑的经典来源论述给了我的启发很大，初步理解了市民社会与国家的辩证关系，市民社会的基本要素是社会组织。所以，本书的研究方法和理论基础均为唯物史观。

　　本书成稿得益于导师郑祚尧的教诲和启迪。郑祚尧教授一生坚定不移的精研马克思主义经典原籍，造诣颇深，富有令人敬佩的洞察力，师从郑老师终生受益，在此表示无比敬谢。同时，还要衷心感谢何建津教授、王传发教授对书稿提出的宝贵意见和对我的鼓励与鞭策，使得书稿顺利完成。感谢西南林业大学马克思主义学院的邓成琼副教授、王俊勇博士等同事的关心帮助。衷心感谢中国科学社会出版社的老师们的辛勤付出，特别致谢安芳编辑的关心、支持和帮助，正是安芳老师对编辑工作的那种坚韧的初心与使命，在百忙中不厌其烦地对本书多次提出修改意见，才使本书得以顺利出版。最后，要感谢我的妻子樊霞给予我的大力支持和对我疏于照顾家庭的包容、体谅！

　　由于本人学疏才浅，智识愚钝，对问题背后逻辑难以驾驭，疏漏之处在所难免，敬请阅者批评指正。

　　本书受西南林业大学马克思主义学院云南省首批重点马克思主义学院发展基金的资助，在此致以诚挚的谢意！

张海夫

2019 年 10 月于昆明